［新版］
これだけは知っておきたい
厨房設計の知識

平岡雅哉
堀田正治
神谷麻理子
共著

鹿島出版会

はじめに

　経済社会の成熟化に伴い、外食産業は多くの人びとの生活に欠かせない存在となってきている。その形態もホテル、レストラン、ファミリーレストランのようにレジャー要素の強いものから、病院給食、学校給食等のように社会的なものまで多岐にわたっている。

　これらの飲食施設の中には、サービス空間として機能的にもデザイン的にも優れた施設が数多くみられるようになった。

　一方、生産の場である厨房については、調理のソフト面と、厨房機器や建築設備等のハード面とを融合することが難しく、従来の厨房を革新するような施設はまだ少ないのが現状である。

　昨今のさまざまな食中毒にみられるように、調理における衛生問題は大きな社会問題になってきている。また、整備されていない厨房は生産性を損ない、マンパワーやエネルギーの浪費は運営費用の高騰に直接結びつき、経営を圧迫する大きな要因となっている。

　このような問題点があるにもかかわらず、厨房については工学的な研究が少なく、また、設計者の不勉強も否定できない。一般的には、厨房の計画においては、調理者の経験による要望をそのまま取り入れたり、厨房業者にレイアウトを全面的に任せている事例が多い。設計者が、いざ厨房レイアウトを行おうとしても十分な参考書がないのが現状である。そこで、筆者である設備設計者と、調理師経験のある厨房コンサルタントが共同で厨房設計を行ってきた中で、得られた知見を本書にまとめた。

　経営と調理と設計の３つの柱を結びつけ、衛生的で収益性と労働効率の高い厨房をつくり上げていくための実践的な教科書として、

建築や設備の専門家の方々はもとより、ホテル、レストラン等外食産業に携わる皆様にも役立てることができればと考えている。

　本書の出版に当たっては、スイス国立ホテル学校Vieux Boisを卒業した栗原聖子氏（株式会社紀ノ正）の多大な助力を得た。ここに記して感謝したい。

新版にあたって

　新版にあたっては、初版が刊行されてから約10年経過しており、技術的な進歩、知見の集積に合わせて、社会的に厨房に求められる性能が変化していることを反映した。また本書はホテル厨房を中心とした記載となっているが、汎用性を高めるために大量調理施設の事例として、病院厨房および社員食堂について記載した。

著　者

目　次

はじめに　*iii*

1．理想的な厨房を目指して　*1*
   1 厨房とは　*2*
   2 厨房計画の現状　*4*
   3 運営革新を考慮した厨房計画　*11*
   4 厨房の衛生化　*16*
   5 厨房のシステム化　*21*

2．厨房の運営革新　*25*
   1 運営を考えた厨房配置計画　*26*
   2 運営革新のポイント　*28*
   3 調理作業と全体の動線　*36*
   4 調理手法と厨房機器　*46*

3．厨房の衛生化　*57*
   1 厨房の衛生化とHACCP　*58*
   2 厨房の衛生化設計手法　*60*
   3 厨房衛生チェックリスト　*73*
   4 HACCP概念を導入したホテル厨房の事例　*76*
   5 厨房の美観向上　*81*
   6 作業空間の向上　*88*

4．厨房設計の実際　*89*

- **1** 厨房設計の手順　*90*
- **2** 厨房設計の条件整理　*92*
- **3** ストックとストックスペース　*94*
- **4** 厨房ゾーニングとレイアウト　*102*
- **5** 厨房機器の選定　*125*
- **6** 省エネルギー計画　*131*
- **7** 厨房周辺設備　*152*
- **8** 安全対策　*163*
- **9** 厨房設備の作図　*165*
- **10** 特記仕様書　*166*
- **11** コストコントロール　*178*
- **12** 運用フォローとメンテナンス　*179*

5．厨房設計の事例　*183*

- **1** 社員食堂の設計事例　*184*
- **2** 病院厨房の設計事例　*193*

用語解説　*199*

1．理想的な厨房を目指して

1 厨房とは

　一般家庭で供される料理の場として「台所」は家族のためにある。本書でこれから述べる業務用の「厨房」とは、外食産業等において、一般客を満足させつつ、収益をあげていくことを目的としてつくりあげられるものである。そのため味、価格帯、提供形態を考えながら厨房計画を図ることが重要となってくる。

　図1-1に中規模レストランの厨房レイアウト例を紹介する。決められたスペースの中で、客席スペースを最大限に確保しつつ、客席スペースに見合った厨房設備が必要になってくる。厨房スペースには、食材の保管スペースや下処理エリア、加熱調理エリア、デシャップ（料理の供出）エリア、食器洗浄エリア等がある。厨房に付属するものとして、ウエーター、ウエートレスがサービスするパントリー・スペースがある。そのほか、メニューを作成したりする事務室や、更衣室が必要となってくる。

　厨房とは、このように規模、メニュー、価格帯、人件費等を考えて計画されるものである。家庭用の台所と大きく異なるのは、作業量が多いため人数を最小限にできるようレイアウトや厨房器具の機種選定が重要となってくることである。

1. 理想的な厨房を目指して　　3

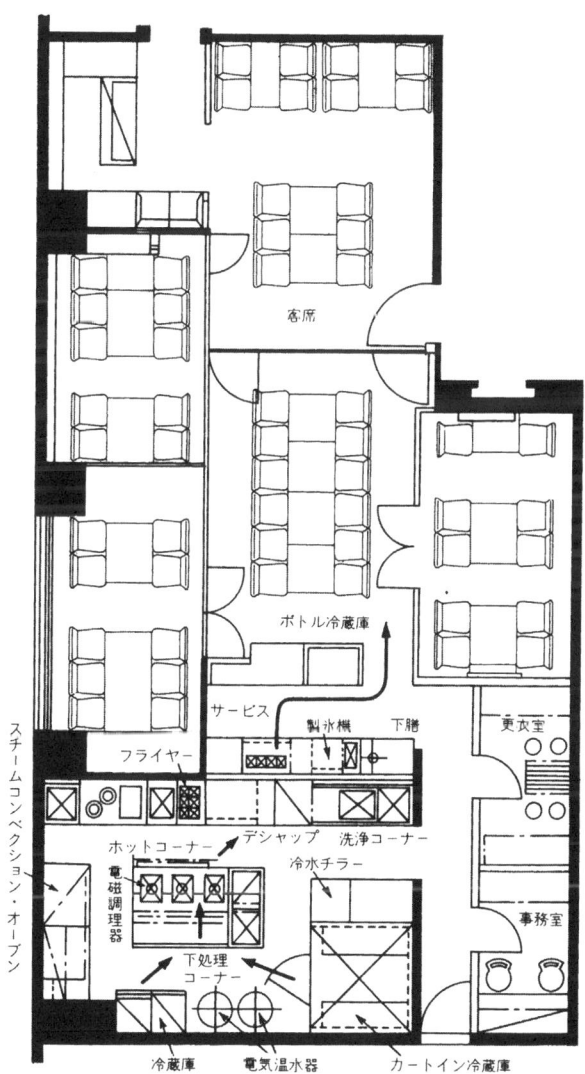

図1-1　中規模レストランの厨房レイアウト例

2 厨房計画の現状

この節では将来の厨房計画にあると思われる共通の問題点と、その解決方法について述べる。

(1) 現状の問題点
これまでの厨房には以下のような問題点がある。

① 経営者、運営者、設計者の一体となった計画が行われず、面積、天井高さ、形状、供食エリアとの動線等、建築計画上最適ではない空間に厨房をレイアウトしていることが多い

② レイアウト作業については、経営者が厨房コンサルタントに任せっぱなしにしたり、設計者が厨房メーカーに詳細な指示を行わないことが散見される

③ 料理長の要望を全面的に採用することもあるが、その場合、自己流の厨房となり汎用性に欠けることになりかねない。また、厨房計画当初は運営形態やメニューが決まってい

ないことが多く、必要以上の余裕を見込むことでこれがスペースやコストの増大につながる

④ 厨房は広ければよいというわけではなく、調理人やその補助者の必要人数等、運営や作業動線、投資コストを考慮すると不利な面もある。逆に営業スペースを広く取りすぎた結果、必要な厨房器具が配置できず面積的に機能しない厨房の事例もある

これらの問題点を解決するには、経営者、運営者、コック、サービス、スチュワード（給仕）、設計者の間の隙間を埋めなければならない。

図1-2は、経営者、設計・施工者、運営者という三者の関係について表しているが、厨房設計の現状は、図の左側のように三者がばらばらのままに計画を進めている。新しい手法のコンサルティングにより、図の右側のように、この三者がより良い計画の立案に向けて協調できるような地歩を固めなくてはならない。

現状多くみられる厨房計画と、あるべき厨房計画の姿を比較する

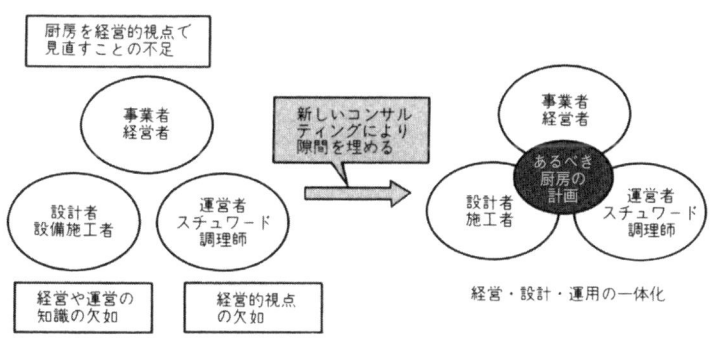

図1-2　厨房計画の現状と改革

と図1-3のようになる。

あるべき姿に近づけるためには、解決しなければならない問題点がありある。以下に経営者、運営者、設計者のそれぞれにおける課題を整理した。

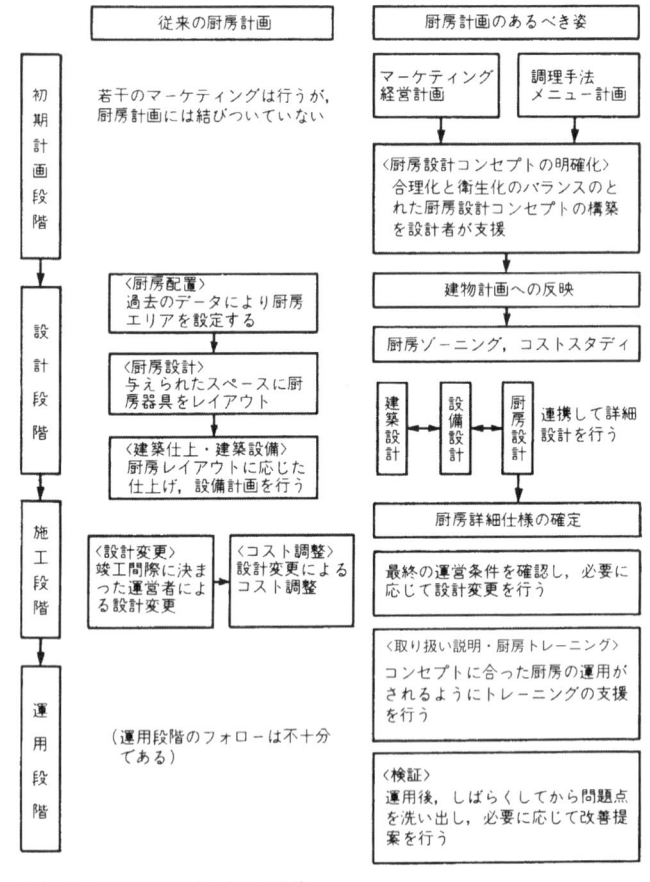

図1-3　厨房計画の現状とあるべき姿

① 経営者の側面：調理部門は一般的に排他的であり、料理原価でさえ経営者に詳細を知らされていない厨房も多いが、こうした運営を経営的な視点で見直す必要がある。厨房も売上収支予想を考慮し、それに見合った厨房計画でなくてはならない。したがって、イニシャルコスト、ランニングコスト等の収支予測も重要である。

② 運営者（サービス・スチュワード・調理師）の側面：運営担当者が不在のまま厨房設計が進行され、施工中における設計変更、運用後の機器の入れ替えといったむだな投資を招くことがある。調理師は、自分の働く厨房について不満をもっていることが多いが、自分の要求を厨房設計者に明確に伝えるためのコミュニケーションの機会が計画段階で不足している。一方、調理責任者やサービス責任者の我流による計画は、将来の変更等に対して汎用性のない設備となる恐れもある。

③ 設計・施工者の側面：厨房エリアは建築設計上の動線計画は考慮されてはいるものの、建築の全体計画の中で与えられた空いたスペースに厨房を配置する傾向にある。また、厨房計画全般（ゾーニング、レイアウトから機器仕様選定まで）

を厨房メーカーに任せていることが多く、調理の実情を反映する努力が不足している。作業動線を考慮に入れていない厨房やパントリー、不適切な機器の選定は、労働生産性、客席回転率、料理品質等の低下を招き売上や利益率の低下の要因となる。すなわち調理理論および調理加工工程、サービスの動線についての配慮がなされていないと、作業効率の悪い厨房となる。

（2）問題の解決のために

図1-2に示したように、経営者、調理人、設計者が三者間の隙間を埋めるために一体となり、コーディネーション能力のある設計者、もしくは厨房コンサルタントが厨房計画を以下の要領で取りま

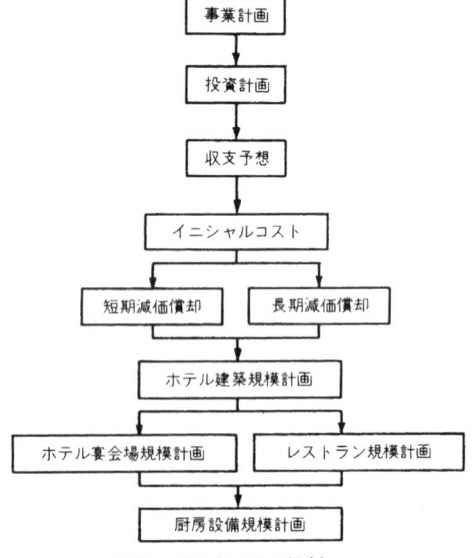

図1-4　事業計画の段階（ホテルの場合）

とめる必要がある。

a．厨房計画コンセプトの明確化

運営のコンセプトと、収支計画の両面から厨房設備計画を考える必要がある。図1-4にホテルの事業計画のフローをまとめた。この図にあるようにコンセプトの設定が厨房計画の成功の鍵を握っている。このシミュレーションを厨房計画の早期に行い、設計コンセプトに反映させる必要がある。

経営者の事業目的を遂げるためのホテル全体の基本コンセプトが確立されると、料飲部門、宿泊部門等の個々についてもコンセプトが決定される。料飲部門の基本コンセプトとは「どのようなお客様に、どのようにして、どのような料理や飲み物をサービスするか」ということをイメージとして徹底させるためのものである。宴会場、フレンチレストラン、比較的低価格帯なカジュアルレストラン、和食レストラン、中華レストラン、コーヒーショップというような料飲施設の構成や規模、提供する商品の計画、内装計画等が定められる。

b．コンセプトの厨房計画への反映

上記の基本コンセプトに沿って設計者と運営スタッフおよび厨房システムの専門知識を有するコンサルタント間で、できるだけ事業計画の初期から綿密な計画を進めることが望ましい。

c．事業計画と厨房計画の連携

上流段階から事業コンセプトおよび売上収支予測等を踏まえて、メニュー計画→加工工程→人員配置→労働生産性の計画を立て、厨房設計を始める。

こうした理想的な事業計画と厨房計画のフローをまとめたものを表1-1に示す。

表1-1 厨房計画のフロー

	コンセプトワーク	設計段階	施工段階	運用段階
事業計画	全体のコンセプトの作成	建築基本設計 設備基本設計 実施設計	工事管理 検収	トレーニング ガイダンス 運営の実証
厨房計画	料飲施設のコンセプト作成	動線計画 設備計画 基本設計 実施設計	工事管理 検収	トレーニング ガイダンス 開業後のフォロー フィードバック

❸ 運営革新を考慮した厨房計画

（1）経営的視点の導入

厨房の計画に当たっては、これまでの厨房運営を革新できる計画が求められていることに配慮しなければならない。

表1-2および**表1-3**にそれぞれホテルとレストランのバランスシート（収支管理）の事例を示す。この収支バランスが成立するように厨房の計画がなされなくてはならない。すなわち、厨房への投資、人員配置、エネルギーコスト等について事業計画の初期段階より十分に検討し、早く投資が回収できるようにしなければならない。

具体的には、メニュー単価・回転数等を十分検討した上で下記の事項のチェックが必要である。

① メニューや単価に対し、過大な厨房設備投資となっていないか

② 人件費を削減できるように、少人数で運営できる効率的な厨房計画となっているか

表1-2　ホテルのバランスシートの事例

	項目	比率
収入	料飲売上収入	100%
支出	食材原価	35%
	人件費	30%
	水道光熱費	5%
	諸経費	12%
	機器保守料	2%
	営業粗利益	16%
	設備投資（減価償却）	15%

表1-3 レストランのバランスシートの事例

<条件>

店舗名	面積	飲料売上収入	従業員数
レストランA	138.6㎡	月商750万円	9名

<バランスシート>

	項目	%	金額(万円)
収入	飲料売上収入	100	+750
支出	食材原価	36.5	273.75
	人件費	31.5	236.25
	水道光熱費	8	60
	諸経費	10	75
	機器保守料	3	22.5
	営業粗利益	11	82.5
	設備投資(減価償却)	7	−52.5

③ 食材の管理手法について検討されたか(食材をどのような状態で調達するか)

④ 厨房器具や空調等、エネルギーコストの安価なシステムを検討したか

⑤ メンテナンスコストのチェックをしたか。将来の機器の交換時にコストのかからない計画となっているか(据付方法や機器の搬入搬出ルート等)

以上のように調理師のこだわりや設計者の無知を解決して理想的な厨房を構築することが必要である。

また、経済性については、表1-2および表1-3のような単年度のバランスシートでの評価のほかに、長期的なライフサイクルで考える必要がある。例えば建物で考えた場合、寿命を40年と考えると、初期の建設コストの5～6倍のコストが、運用段階においてエ

1. 理想的な厨房を目指して　13

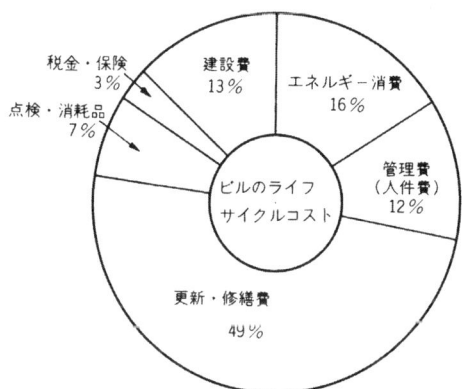

図1-5　ビルのライフサイクルコスト（40年間の試算例）

ネルギーや保守管理費としてかかる（図1-5参照）。厨房設備の場合、厨房器具は早いもので5〜6年から部品交換が始まり、10年程度でかなりの器具の寿命となり、一般的に20年くらいで全面更新される。厨房計画に当たっては、建物と同様にライフサイクルで考える必要がある。場合によっては少々イニシャルコストが高くても、省力化や省エネルギー化が図れる厨房器具を選定することが必要である。

　したがって事業計画当初に、ライフサイクルを考慮した総合的なシミュレーションを行わなくてはならない。

（2）運営革新の事例

　ホテル、レストラン等で近年運営革新を考慮して厨房計画が行われている事例が増えている。

　ここでは、そのいくつかを紹介する。

a．Aホテルの事例

ホテルのグレードとして料理に手作り感を残したいが、人件費を削減したい、という要望に対応した厨房計画が行われた。

仕入れ食材の加工精度を上げる工夫がなされた。例えば食肉については、ブロック（かたまり）でとらずにポーションカット（一人前に切り分けたもの）をしたものを注文するといった運営方針に合わせ、熟練調理師に依存しない料理方法の開発をするとともに、クックチル（加熱調理＆急速冷却）方式等を用い、大量に調理し保存する厨房計画が行われている。

b．Bホテルの事例

調理師の作業範囲を広げ、サービスも兼務させる等により省人化が図られている。

主厨房では、料理のセクションごとの境界線を設けず、料理の注文状況に合わせて、和食は板前、洋食はコックとして限定せずオールラウンドに作業をする。

c．Cホテルの事例

時代遅れの調理システムの改革を進め、効率化を図った。

厨房機器に過大投資はせず、調理システムの改革を図ることで効果を上げた。また、コンピュータを利用した食品食材の原価管理システムを構築し、食材の原価管理を徹底することにより経営改善を行った。

d．Dファミリーレストランの事例

食材の加工精度を上げる（セントラルキッチンでの作業）ことにより、各レストラン提供時間の短縮を図る。また、メニューに合わせた高機能な厨房機器の開発を行い、スピードとともに商品の品質も安定させることに成功した。図1-6にファミリーレストランに高性能コンベアオーブンを導入して工程を改革した事例を示す。

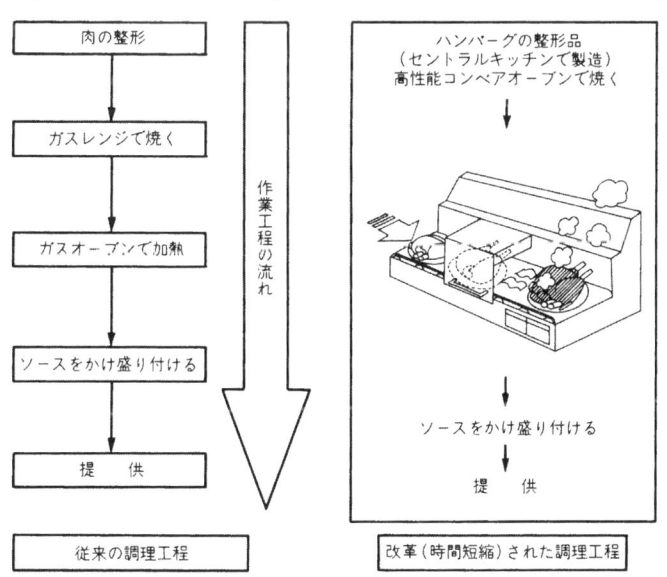

図1-6　調理作業工程の比較（ハンバーグの調理事例）

4 厨房の衛生化

O-157の問題により厨房の衛生化への関心が高まり、国内でも米国で発達している食品工場を主対象としたHACCP(ハサップ)という衛生管理手法が注目されている。厨房の衛生化はHACCPのみで達成できるものではなく、衛生化の対応の詳細については「3．厨房の衛生化」の章で述べる。ここでは厨房の衛生面を向上させるためのHACCPの内容について若干の説明を行う。

(1) HACCPとは

HACCPとはHazard Analysis、Critical Control Pointの略称であり、日本語では危害度分析、重要管理事項と呼ばれている。もともと米国・アポロ計画の宇宙食をつくる目的で食品会社によって開発された衛生管理手法である。近年では、日本国内でも多くの食品工場がその商品の安全性を保証するためにHACCPを採用するに至った。

HACCPは、食品の生産をトータルに、連続的に、食品の消費までを管理する手法で、購入、食材の受入、保管、下処理、調理、配膳まですべてのプロセスが衛生管理の対象と考えている。その基本的な衛生管理の考え方は、各ステップで正しく処理されることにより、最終商品も安全性が確保されるということである。具体的には、各プロセスにおいてチェックポイントを設けること、汚れた部分とクリーンな部分の動線を分けることにより衛生面の向上を図るというものである。

(2) HACCPの概念とホテル・レストラン

ホテル、レストラン等においては、食品工場のようにHACCPの認証を受ける社会的要請はないが、従来の衛生管理では不十分であり先進的で確実なHACCPの概念を導入することは効果的である。

HACCPの衛生化のポイントは、ほとんどダーティーとクリーンの動線計画（搬出入ルート）やゾーニングにかかっており、この概念を導入した厨房計画を行うことが重要である。

HACCPでは、7つのステップを決めることが求められている。ホテル、レストランにおいて、各ステップにおける具体的なアクション項目を**表1-4**に示す。

このHACCPの具体的な7つのステップの概念を反映する厨房をつくり上げることにより、安全で衛生管理が確立された運営システムになり、調理加工の面においても十分な管理が確立されることになる。各ステップにおける注意事項は次のとおりである。

ステップ1——危害分析

　調達の際に危険性の高い食品の搬入を未然に防ぐチェック項目の確立と、チェックするための厨房設備を充実させることが必要である。それには単なる検収スペースの確保だけではなく、外からの汚染を防ぐための食品専用収納容器を保管してある棚の設備や汚れを清掃する対策として、洗浄装置の充実とそれに伴う消毒設備・シン

表1-4　ホテル、レストランにおけるHACCP7のステップ

1	危害分析	調達の際に食材を検品し、仕入先の選定調達をする。 危険性の高い食品を認識し、食品を調達する際のチェック項目を確立する。
2	重要管理点の決定	調理サービス全体についてチェック管理点を決める。下処理、プレパレーション、ブッチャー、ポワソニエ・フィッシャー等の衛生管理、温度管理を確実に行う。
3	管理基準の設定	管理方法を決め、基準を定める 調理・サービス全体で基準を定める 〔調理・サービス全体〕—基準フローの作成
4	モニタリング方法の確立[注]	検査管理点を再チェックする 調理長、セクションシェフ（各責任者）が調理の温度や時間をモニターする〔作業工程でのチェック〕
5	改善措置の確立	検査基準を満たしていなければ調理およびサービス全体で見直しを図る
6	記録保持等の確立	記録するシステムをつくる 調理・サービス全体で記録するシステムの確立と記録に役立つ機器の導入を図る
7	検証方法の確立	システムが運用されているか確認する チェック機能の確立 安全性、温度管理、衛生基準の確立

注）　モニタリング＝温度や時間の検査管理

ク等が必要になる。また、温度管理の面からは搬入時の一次保管として、冷凍庫・冷蔵庫・食品庫等の設備が必要になる。

ステップ2——重要管理点の決定

下処理、プレパレーション（調理の下準備を行う部門）、ブッチャー（主に肉類の下処理を行う部門）、ポワソニエ・フィッシャー（主に魚介類の下処理を行う部門）等のセクションでは、特に温度管理を充実した衛生管理が重要になる。生鮮食品の腐敗を防ぎ、間違って搬入した異物を発見することにより、危険を排除しなくてはならない。

生鮮食品の温度管理を向上するには、作業空間の温度コントロールが適正になる設備を必要とする。また、食品の調理加工のデータ管理の充実を図ることで、問題が発生した場合の対策改善がスムーズに行える。それにより安全性を高めることにつながる。

ステップ3——管理基準の設定

料理に伴う調理加工工程と、料理提供に至るまでの管理方法の基準を定めることにより、安全性の向上につながる。それには基準作業フローを作成し、チェック機能をもたせる。

ステップ4——モニタリング方法の確立

調理責任者・サービス責任者が定めた検査基準に基づきチェックする。この検査機能を遂行することにより、安全性を高めることになる。

ステップ5——改善措置の確立

調理方法およびサービス方法の安全性・温度管理・衛生基準の管理基準が検査基準に満たされていない場合は見直しを図る。

ステップ6——記録保持等の確立

調理方法・サービス方法の安全性・温度管理・衛生基準の検査を遂行する上で、記録するシステムを確立し、記録に役立つ厨房機器の導入を図る。それにより、いつ・どこで・だれが・どのような状態でという具合に、明確な記録システムを確立する。

ステップ7——検証方法の確立

管理事項全体の運用が図られているか、確認することが重要であり、安全性・温度管理・衛生基準を向上させることの認識が重要である。

5 厨房のシステム化

厨房の作業を単独の機能ではなく、上流から下流まで一貫した「システム」としてとらえ、システムとして厨房計画を行うことが重要である。

(1) 厨房のシステム化とは

運営革新、合理化、衛生化された厨房を実現するための、厨房システム化の具体的な要素として以下の4つの項目があげられる。

① 厨房の衛生管理
② リアルタイムな食材原価管理
③ サービス方法と調理方法を連携できる厨房計画（省人化）
④ 調理作業プログラム化による生産性向上

これらは経営者、調理師、サービスの担当の合意のもとで構築される必要がある。図1-7にシステム化された厨房計画のイメージをまとめた。

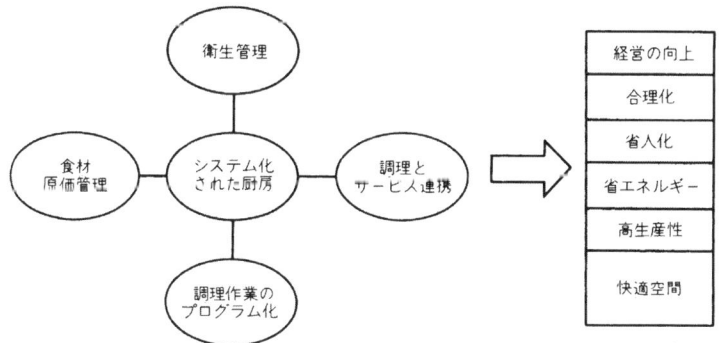

図1-7　厨房のシステム化のイメージ

（2）食材原価管理

図1-4、図1-5で示したように、調理原価は食材原価・水道光熱費・人件費で成り立っているが、これを明確にすることが、今後の調理の改革のためには必要条件である。調理原価の中で特に食材原価が正確に把握できにくい理由としては、第一に生鮮食品が変動価格になっていること、第二に多種多様な食材の形状の変化や歩留りを数値としてとらえる技術が遅れていることがあげられる。

生鮮食品の高騰や食材原価のあいまいさが調理の現場を臆病にして、必要以上に仕入品の品質の低下や量の減少を招くことがある。また、価格安定している調理済み食品・冷凍食品の使用に移行し、味が低水準になったり、売上が鈍化することになる。

このことを解決するには、日常の仕入れについて変動する価格を、コンピュータ等を利用してリアルタイムに原価を正確に把握することが必要となる。それにより料理のバラエティーも広がり、食材原価をコントロールしながら多人数の宴会でも適正な原価対応を図ることができる。

多くの飲食施設において食材原価率は調理長の管轄であり、経営者側が口を挟めない聖域であった。この関係を改善することにより経営の健全化が達成できる。

（3）サービスと調理の一体化

サービスと調理の一体化も重要である。従来の厨房システムは、和食、洋食、中華、その他の料理により独立した厨房スペースとスタッフを備えていた。このことが過大な設備投資や人件費の高騰につながり、合理化の妨げとなっている。改革のためには厨房機器を共有したり、作業を共同で行ったりする努力が必要である。

（4）調理作業のプログラム化

　ホテルでは、作業手順、調理方法のプログラム化は形式だけで、現実に取り入れられている例は少ない。調理師はピラミッド状の階級を構成し、その属する階級によりその人の行う作業も限定される。このことが作業効率を低減させ、省人化の妨げとなる。米国から移入されたファーストフードやファミリーレストラン等では作業がプログラム化されるために、経験年数と関係なく平等に調理が進行している。これからのホテルでも、こうした動きを取り入れる必要があると考えられる。

2．厨房の運営革新

前章では厨房の運営革新の必要性を述べたが、ここでは厨房計画に対して、具体的に反映する項目等について述べる。

1 運営を考えた厨房配置計画

人件費、エネルギー費、衛生、品質を向上させることを考慮して厨房の配置計画を行うことが重要である。ここでは、建築計画上で与えられたスペースに、厨房メーカーが機器を並べていくという従来のパターンから脱却するためのポイントについて述べる。

第一に、ホテル建築の場合、その中で厨房はどこに配置されるべきか検討することが必要である。

厨房の場所の条件は、営業スペースとして使用可能な（稼ぐことができる）場所にあえて厨房をつくる必要がある。図2-1に、宴会場フロアに厨房を配置した例（A）と、機械室フロアに配置した例（B）を示す。

上下階の搬送方法が確保されれば、Bの配置のほうが宴会フロアに収益部分を増加させることができるため、有利な場合もある。Aの配置では厨房の直下部分に営業スペースがある場合、騒音等の問

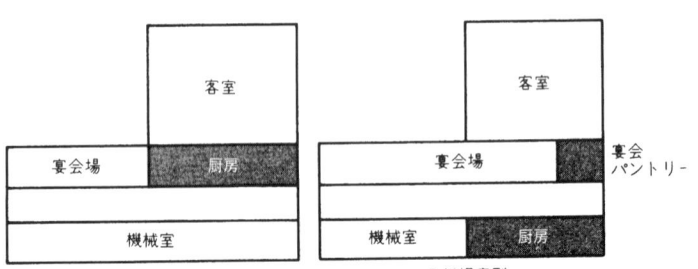

図2-1　ホテル内での厨房配置

題が発生することがある。

　さらに、主厨房はホテル内に必要かどうかについても検討する必要がある。最近では、別工場で調理されるファクトリー化された厨房もみられるようになった。

　ホテル業界の今後の方向づけはまだ明確ではないが、参考になる事例としては、ファミリーレストランにおけるセントラルキッチン、学校給食における給食センターがある。病院給食についても、院外調理における衛生管理指針（ガイドライン）の概要に基づき実施されている。

　ホテル業界でも、その関連企業および提携企業において半製品や製品の製作の外部委託がなされている。ソース、ドレッシング、冷製オードブル、ペストリーやパン類等に頻度が高い。これをさらに進めれば、クックチル等の新しい調理方法を採用することにより、提供時の最終仕上げだけをホテル内厨房で行うという形になるのではないかと思われる。徹底した温度管理の可能な搬送のシステムが確立すると、新しいスタイルの厨房システムとして発展していくと考えられる。

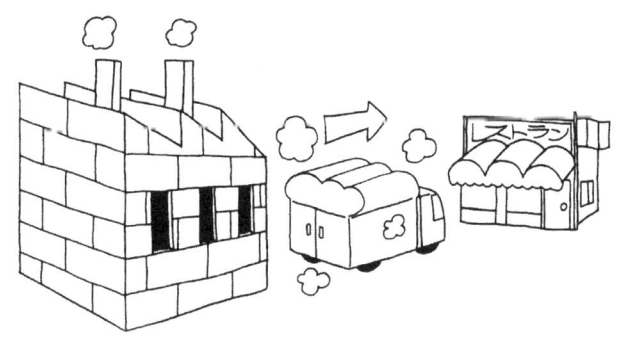

2 運営革新のポイント

この節では、運営革新のコンセプトを実際に厨房計画へ反映させるためのポイントについて述べる。

(1) 運営革新のためのスペース計画

運営革新の観点からは、厨房スペースは小さいほうが望ましい。厨房スペースが小さければ、営業面積を多く取れるだけでなく、厨房設備投資を低く抑えることができる。そして、動線の短縮による人件費の削減効果も大きい。ほかにも空間が減少することで空調エネルギーの削減されるといったメリットが多い。

通常、料理人は大きな厨房面積を要求するが、これを必要最小限にすることが重要である。しかし、厨房スペースを極端に小さくした結果、使い勝手が悪く、作業効率が低くなるレイアウトになると、調理師の作業意欲も減退し、料理の提供も遅れ、円滑な運営が図れなくなってしまうことがある。最小限の面積で、最適な厨房レイアウトとすることが必要となる。

表2-1 厨房と営業スペースの比率

項　目	Aホテル	Bホテル	Cホテル	Dホテル
竣工年	1988年	1990年	1992年	1997年
営業面積 （A）	6,710㎡	4,688㎡	2,714㎡	2,785㎡
厨房面積 （B）	2,402㎡	1,986㎡	1,100㎡	851㎡
厨房面積比率 （B÷A）	35.8%	42.4%	40.5%	30.6%

過去の営業スペース（宴会場等）と厨房面積との比率は、厨房面積の比率が40％を超えるものが多くみられたが、最近は比率が下がっており、30％前後のものが多くなっている（**表2-1**に過去の厨房面積比率データを示す）。今後、本書に書かれているような合理化が進めば、厨房面積の割合はさらに低下すると期待できる。参考として面積の略算法を**図2-2**に示す。

　施設の規模が小さい場合、厨房の割合が営業スペースに対して上昇しおよそ35〜45％になる。

　大規模運営の場合は、適正な厨房計画がなされない限り、かなりの面積の違いとなり、営業スペースに影響を及ぼすことになる。厨房の運営革新を反映させた厨房設備設計の場合は、調理作業効率も上がり、厨房機能としては最大限発揮される。

　また、厨房面積も省スペースとなり、厨房面積比率的にはおおよそ27〜33％となり、コストの削減につながる。

　厨房における各セクションの面積比率を**図2-3**に示す。

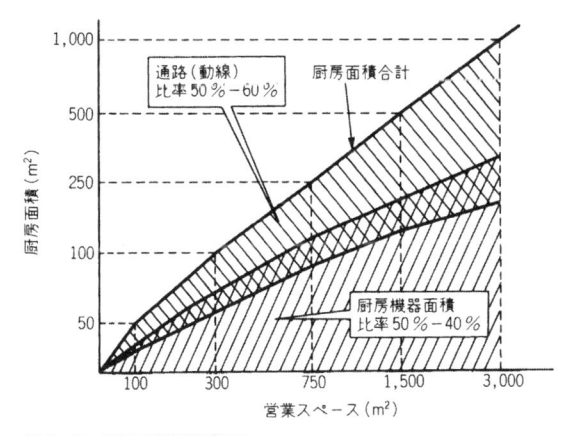

図2-2　厨房面積概算グラフ

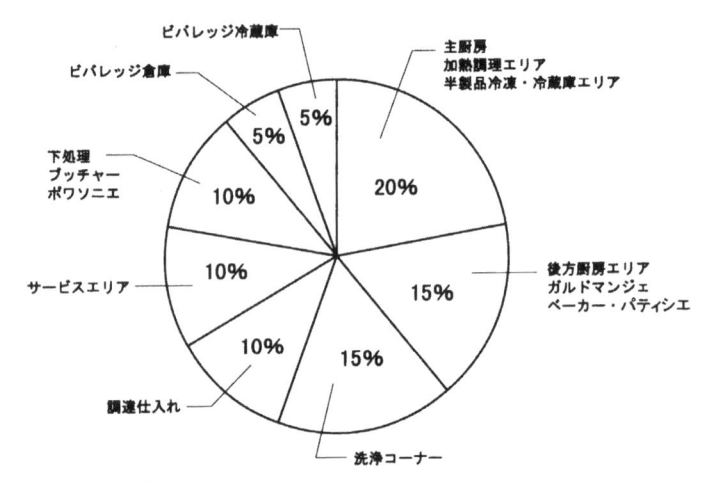

図2-3 厨房ゾーニング比率の事例

- ビバレッジ冷蔵庫 5%
- ビバレッジ倉庫 5%
- 主厨房 加熱調理エリア 半製品冷凍・冷蔵庫エリア 20%
- 下処理 ブッチャー ポワソニエ 10%
- 後方厨房エリア ガルドマンジェ ベーカー・パティシエ 15%
- サービスエリア 10%
- 調達仕入れ 10%
- 洗浄コーナー 15%

（2）厨房の省スペース化

　厨房面積の省スペース化は建物全体での効率をよくするだけでなく、動線が短くなるなど効果があるが、そのほかにも空調換気等のエネルギーコストが小さくなることも期待できる。

　表2-2に厨房内に必要なスペースのリストをまとめた。計画に当たっては、それぞれについての要否や、面積の大小を経営的視点も考慮に入れチェックする必要がある。

　厨房の面積には、飲食運営にかかわる食材の調達量、在庫量が大きく影響する。在庫を多く保管するということは、保管スペースが増大する要因となる。それが厨房設備の食材保管スペースを大きくし、厨房全体の面積が拡大することにより、営業面積を圧迫する要因となる。

　また、冷蔵機器や加熱機器を厨房内に選定設置する際も、調理師の要望で過大設備になり、過大スペースとなることがある。

表2-2　厨房内に必要なスペースリスト

厨房セクション	必要な諸室
食材の仕入れ	検収室 検収事務所 一次保管用冷凍冷蔵庫 一次保管用食品庫
下処理	肉下処理室（ブッチャー） 魚下処理室（ポワソニエ） 二次保管用冷凍冷蔵庫
スープ・ソース仕込み	スープ・ソース保管用冷凍冷蔵庫
主厨房	ホットセクション 冷凍冷蔵庫（恒湿冷蔵庫） コールドセクション 冷凍冷蔵庫（恒湿冷蔵庫） 食器・サービス用シルバー保管室
ベーカー・ペストリー	ペストリー室 アイスクリーム製造室 チョコレート専用室 急速冷凍庫（室） 冷凍冷蔵庫（室）
宴会サービス	宴会用ビバレッジ専用冷蔵庫 宴会用家具室 宴会用クロス・ナフキン保管庫 ウエディングケーキ専用保管庫
スチュワード	宴会用サービス器具保管庫 宴会用洗浄コーナー 宴会用ワゴンスペース
ルームサービス	ルームサービス用パントリー ワゴンプール オーダー事務スペース
塵芥処理	塵芥処理室（パルパー等設置の場合） 塵芥保管スペース 生ごみ専用保管冷蔵庫 塵芥専用洗浄コーナー

この問題への対応には、飲食運営条件を整備することが重要である。適正在庫や調理方法を検討し、厨房全体の効率を高めることにより、省スペース化できる。

　厨房配置計画においても、各厨房エリア間の動線を考慮することにより省スペースになる。また、営業スペースと各厨房エリアとの動線についても短くすることを検討すべきであろう。短い動線は作業効率を向上させる。逆に、長く入り組んだ動線では、運営の際に問題が多く作業効率も低下する。

　衛生管理に配慮しながら、各厨房セクションを融合することにより、省スペースと同時に省人化も図ることができる。省スペースのための厨房機器の共有化によりイニシャルコストが低減し、それが食材の共有化にもつながり、原価低減という効果をも生むことができる。

　このように適切な省スペース化は、厨房運営全般にプラスの効果があるのである。

（3）動線計画のケーススタディー

厨房計画をする上で最も重要なことは作業動線である。過去に、運営を無視した厨房設計が行われた事例が多くみられたが、これらは動線交錯による効率低下といった問題を招く原因につながった。一般的には、建築設計者が統計等から厨房面積を割り出し、その後、運営担当者と厨房設備メーカーとの打合せにより計画が進められることが多い。

ここで、厨房計画の良否における作業動線の重要性について具体的な事例で検討してみる。

表2-3が作業動線の良否を比較するためのスタディー条件である。ケースA（図2-4）は作業動線を考慮していない厨房の計画事例である。ケースB（図2-5）は作業動線を考慮した厨房の計

表2-3　調理動線改善厨房のスタディー条件

条件
① 営業時間　AM11：00～PM11：00
② 客席数　160席
③ アイドルタイムなし
④ 年中無休（正月休み）
⑤ 客単価　1500円前後

MENU	
魚介の特製大皿盛り	1800円
鰯のグラタン	800円
本日のスープ	600円
鯛のグリル	1600円
若鶏のソテー／マスタード風味	1300円
季節のサラダ	800円
デザート	500円
コーヒー，紅茶	400円

画事例である。

　表2-3のような営業時間・客席数と業態で運営し、比較的カジュアルな料理をスピーディーに提供する条件で、2つの厨房計画設計の比較検討をしてみよう。

　ケースAの厨房計画には、次のような問題があげられる。

① 厨房動線計画を反映したゾーニングになっていない
② 動線計画に基づいた機器配置が不適正

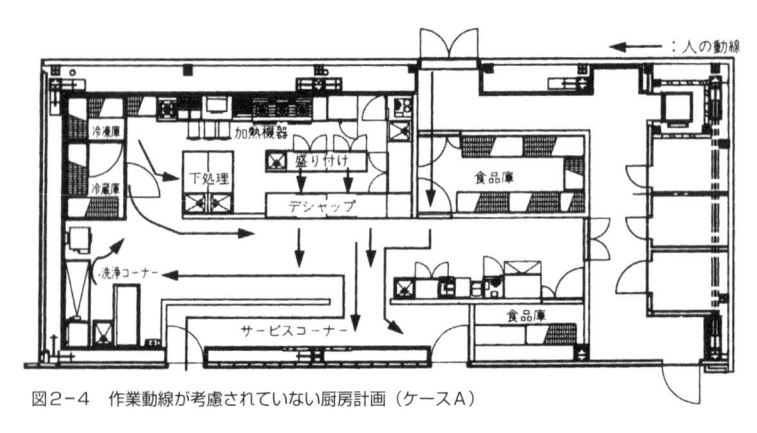

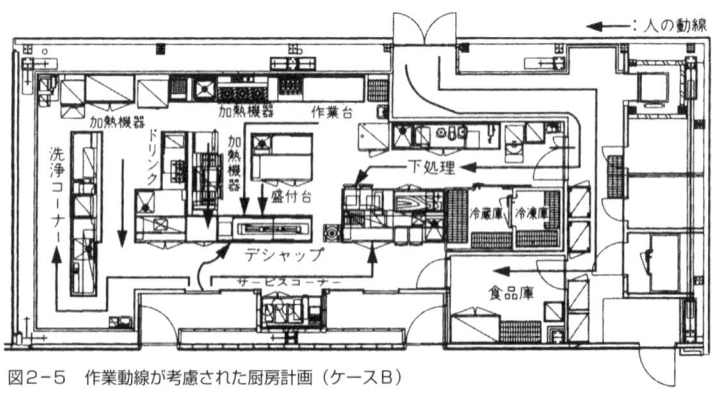

図2-4　作業動線が考慮されていない厨房計画（ケースA）

図2-5　作業動線が考慮された厨房計画（ケースB）

③ 事業収支を考慮した厨房計画設計になっていない
④ 飲食施設のコンセプトがあり、メニュー提案がなされているがレイアウトが適応していない
⑤ 人員計画に基づく厨房計画設計になっていない（飲食運営の際、予想される閑忙を考慮した厨房計画設計になっていない）

具体的には、前述した諸条件を考慮せずに設計されたもので、次のような問題が運営時に発生する。

洗浄コーナーの作業の流れが手の動きと逆になっていることにより、その作業が遅れたり、食器等の破損率が多くなる。次に営業時間のピーク時に料理の対応が遅れる恐れがある。その理由としては、前菜とホット料理の盛付け作業スペースが隣接しているため、作業動線の交差が起きて、料理手順が遅れることがあげられる。

一方、ケースBの場合の厨房計画設計は、客席数・メニュー等の諸条件を反映した設計になっている。

この計画では、営業時間のピーク時の料理対応もスムーズに遂行できる。前菜とホット料理の盛付け作業が離れているので、ケースAのように作業動線も交差することがなく敏速な作業となる。また、デシャップに向かい一方向に料理作業が移行している。

このように、作業動線を考慮した厨房の作業は円滑なものとなり、繁忙の際にもスムーズな料理の提供がなされるのである。

3 調理作業と全体の動線

(1) 調達・調理・サービスの流れ

ホテル厨房における、旧来の調達・調理・サービスの流れは図2-6のようになる。

厨房内はブッチャー、ポワソニエ・フィッシャー、ガルドマンジェ、ソシエ等のセクションに分かれ、食材を個別に貯蔵し下処理を行って調理をする。セクションの間での半製品の移動はあるが、作業はおおむね独立して遂行されてきた。

調達係は食品・原材料の仕入れ、検品、検収、ストレージへの保管を行う。調理係は各調理加工および料理の提供、サービス係は接客サービス、スチュワードは料理の提供時のサービス器具の手配、

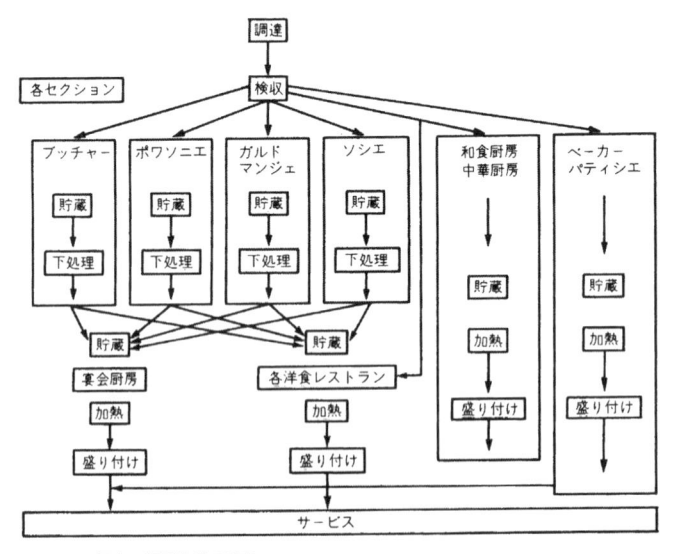

図2-6 旧来の調理作業の流れ

下膳補助をする。最後に塵芥処理を行う流れになる。

　この一般的な調理作業の流れを改革するためには、調達係に関する部門から始めるべきであろう。それにはまず、業者から搬入の際、持ち込まれる梱包材等を減少させるために、調達専用容器に変更させるべきである。これは衛生的管理の徹底にもつながり、また、ごみの減少にもつながる。

　調理工程の改革には、調理師が自ら行う調理方法を見直し、品質を保ちながら生産性を重視した調理手法に変更する必要がある。それに伴い厨房機器も機能性が高いものを導入し、省人化を図る。また、重複する厨房器具を減少させることにより、イニシャルコストを低減させる。

　図2-7に示すのは、最近の調達・調理・サービスの流れの形式

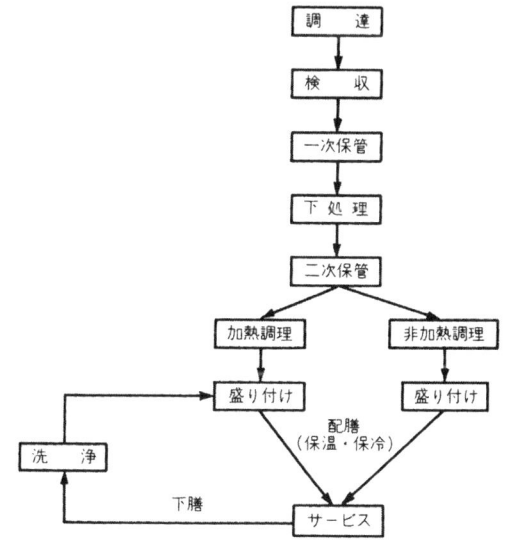

図2-7　これからの調理作業の流れ

である。

　調達では食材を仕入れ、検収をし、冷凍庫、冷蔵庫、食品庫に保管する。これを一次保管という。野菜の洗浄、魚介をおろしたり、肉の筋や脂を取り除いたりする下処理の作業の後に、冷凍庫や冷蔵庫に分類して保管する。これを二次保管という。厨房の合理化のためには、ここまでの作業をセクションに分けずに共通化して行い、省人化を図るのが望ましい。さらに、汚染区域が分散しないので、衛生向上にもつながるだろう。

（2）調理システム改革のためのポイント

　与えられたスペースに厨房機器を並べるといった考えをやめ、科学的・経営的に厨房システムの構築を行わなければならない。省人化等の合理化を図るための具体的改革提案を図2-8に示す。

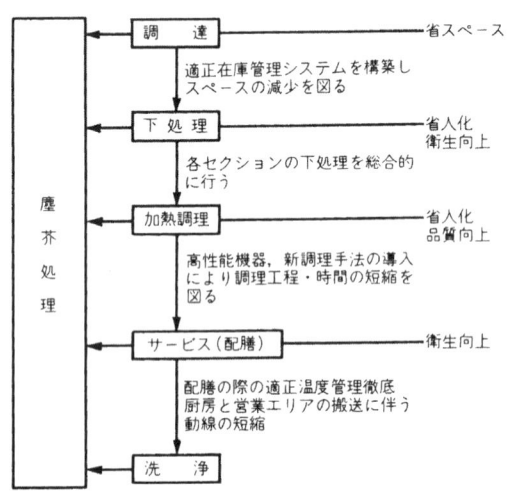

図2-8　調理システムの改革イメージ

2. 厨房の運営革新   39

(3) 調理体制の革新

従来のホテルにおける洋食および和食の調理人員の組織を図2-9および2-10に示す。

ここで、ホテルの調理組織について解説する。

a．洋食調理部門

一般的にはピラミッド型で形成された組織で成り立っており、頂点にシェフ（総料理長）がいて、補佐としてスーシェフ（副料理長）がおり、各セクションシェフ（部門調理長）が置かれ、その配下として幾人かのスタッフで構成され仕事に従事する。

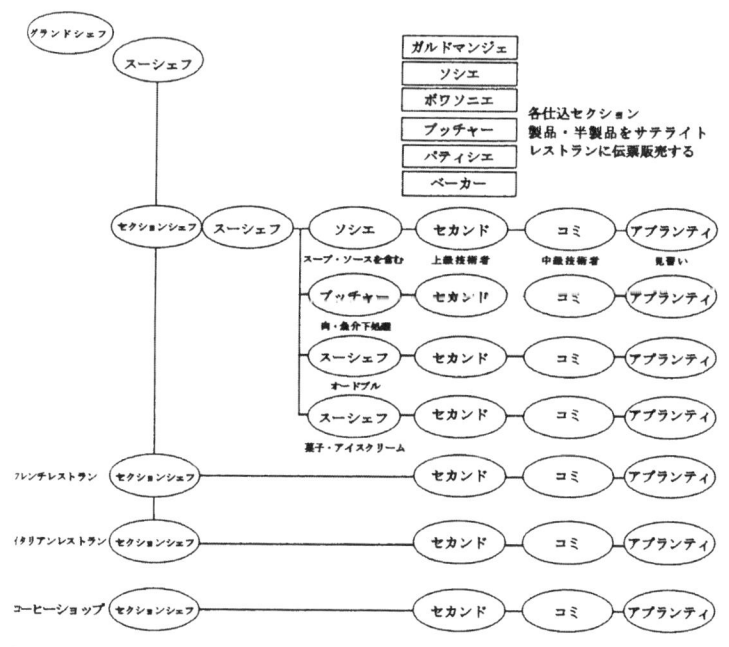

図2-9　洋食厨房の調理人員組織（従来型組織、大規模ホテル宴会厨房の事例）

〈シェフ〉

　シェフ（総料理長）の役割は、ホテルの調理部門の全権を任される重要なものである。調理技術、部下の教育、経営的視点をもち合わせた技量が問われる職務になる。それを補佐する副料理長の存在も大きく、総料理長の責務の一端を担う。副料理長は原価管理の面で熟知していることが要求される。

〈セクションシェフ〉

　セクションシェフは担当部門のメニューを作成し、スタッフにその調理作業を遂行させ、調理技術、味の統一、衛生化の向上等も考慮しなくてはならない。

〈コミ（中級技術者）〉

　各セクションの戦力として調理作業を遂行する調理師である。

〈アプランティ〉

調理見習で主に調理の下仕事をする。

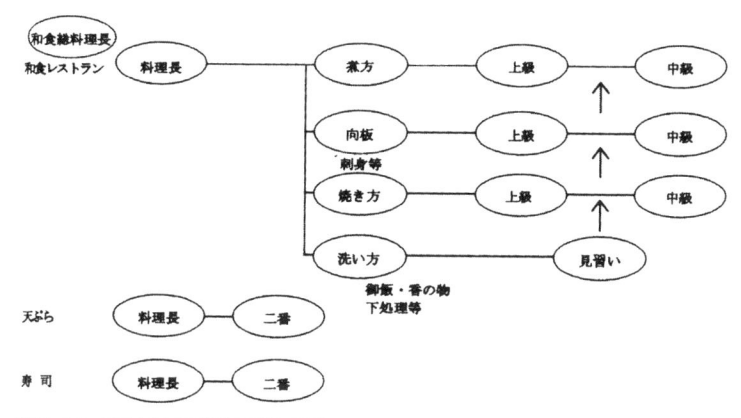

図2-10　和食厨房の調理人員組織（従来型組織、大規模ホテル宴会厨房の事例）

b．和食調理部門

洋食調理と同様な組織で形成されている。

〈調理長〉

調理の全権を任されており、調理技術、部下の教育、経営的な視点をもった職務になる。

〈煮方〉

和食の技術習得としては最終技術になり、最も重要な役職。

〈焼き方〉

加熱調理の焼き物を専門に行う役職。

〈洗い方〉

調理見習で、主に調理の下仕事を行うが、洋食部門との違いは調理見習のうちに野菜や魚介類の下処理をすることで包丁の技術が身につき、調理師としてより早く生産性の高い技術者に育つ。

（4）後方厨房について

　後方厨房（プレパレーションキッチン）は、主厨房（メインキッチン）の支援厨房として、特に下処理を重点的にこなす機能である。後方厨房の各部門の作業内容を以下に記す。

　① 　ブッチャー・ポワソニエ部門：肉類・魚介類の下処理、ポーションカットおよびハンバーグのような一次加工半製品の提供を行う。

　② 　ソープ・ソシエ部門：全施設の基礎ソース、スープの提供。ミルポワ等の処理を行う（この部門の厨房器具は調理手法によりかなり異なる）。

　③ 　ガルドマンジェ部門：冷製オードブルやサラダ等の下処理、オードブルの半製品化等の作業を行う。

　④ 　ベーカー・パティシエ部門：全施設のパンの提供、デザート（フルーツ）の提供を行う（パンの種類、デザートの種類により設備および厨房機器設備は異なる）。

　以上が後方厨房の役割概要であるが、後方厨房を充実することにより下記のようなメリットがある。

　① 　商品の品質安定化・均一化を図ることができる

　② 　メインキッチン（主厨房・宴会）の省力化、厨房器具の軽減化ができる

　③ 　下処理部門を独立させることにより、衛生管理が厳重になる

　④ 　食材の歩留りが向上する

　⑤ 　原価管理が容易にできる

　⑥ 　生ごみ等の仕分けが簡素化される

　最近、省人化等の合理化を目的として、新しい調理システムがみ

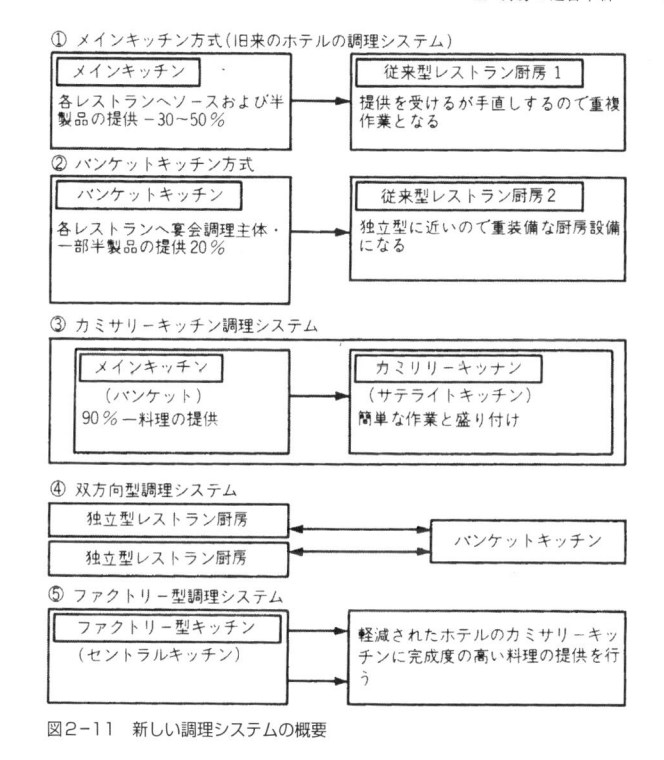

① メインキッチン方式（旧来のホテルの調理システム）

メインキッチン	→	従来型レストラン厨房1
各レストランへソースおよび半製品の提供 －30～50％		提供を受けるが手直しするので重複作業となる

② バンケットキッチン方式

バンケットキッチン	→	従来型レストラン厨房2
各レストランへ宴会調理主体・一部半製品の提供 20％		独立型に近いので重装備な厨房設備になる

③ カミサリーキッチン調理システム

メインキッチン	→	カミリリーキッチン
（バンケット）90％―料理の提供		（サテライトキッチン）簡単な作業と盛り付け

④ 双方向型調理システム

| 独立型レストラン厨房 | ↔ | バンケットキッチン |
| 独立型レストラン厨房 | | |

⑤ ファクトリー型調理システム

| ファクトリー型キッチン（セントラルキッチン） | → | 軽減されたホテルのカミサリーキッチンに完成度の高い料理の提供を行う |

図2-11　新しい調理システムの概要

られるようになっている。それらの代表的なものを図2-11に示す。

　従来の日本のホテルのあり方として、図2-11中の①のような形態で多くの調理システムが運営されてきたが、これでは大勢の人員の確保が必要なため、厨房の合理化の問題として見直しが図られるようになった。そして、この点を改めた②のシステムを採用し、運営しているホテルが現在ではほとんどである。しかし、ここにきてさらに省人化への低減、厨房設備のイニシャルコストの低減を図るために、③のカミサリーキッチン方式に移行するようになってき

表2-4 各調理方式の特徴

	メインキッチン従来型	バンケットキッチン型	独立(双方向型)	ファクトリー型
省人化	●ホテルの飲食部門の下処理・半製品の仕込み ●調理人員を多く配置	●宴会料理の提供・一部 ●各レストランのソース・スープベースの提供 ●宴会対応の調理人員ですむが宴会閑忙に不適性	●各セクションが独立形式で運営調理 ●省人化が図れるが宴会対応に不適性	●セントラルキッチンを配しサテライトキッチンと連携しての運営 ●規定時間の制約・調理人員の教育が必要
品質確保	●基本料理の品質の確保は行えるが各レストランの料理品質に差異が生じることが多い	●ソース・スープベースの提供において連携を綿密に行わないと各セクションの料理品質に差異が生じる	●調理師の熟練度により料理品質に差異が生じる	●料理の時間経過に伴う品質管理が必要

た。また。④の双方向型調理法式や⑤のファクトリー型キッチン方式の運営方法を採用して行っているホテルもあり、各ホテルで試行錯誤している段階である。

　各調理システムの特徴は**表2-4**のとおりである。各ホテルの運営方針に合った方式が取られているが、老舗の大手ホテルでも新しいシステムが採用されるようになっている。

（5）調理作業の合理化

　伝統的な一流ホテルのレストランの調理場では、料理の注文が入った場合に、実際にどのような作業が展開されているのか、その一例を簡素化して表すと**表2-5**のようになる。

　現実には子羊一皿ではなく、複数の料理が常に動いている。加熱調理の特性として要求されるスピードと味の追求のためには、「人

表2-5 調理の過程例

料理：子羊の香草風味

　ソシエのアシスタントが，使用する部位の子羊を冷蔵庫から取り出し，必要な形にカットする。塩・胡椒をかけ，香草を準備する。
　ソシエは子羊をガスレンジでソテーした後，頃合いをみはからってオーブンに入れる。ソシエのアシスタントがソースの材料を揃える。
　ソシエがソースを加熱し，調味する。
　付合せ担当が，用意してある付合せを盛り，ソシエが肉をカットして盛り，ソースをかける。

手をかける」ことが必要である。以前はそれを可能にする料理の価格づけができた時代でもあった。

　では、合理化のためにソシエ一人で上記の作業をこなすにはどうしたらよいだろうか。

① 肉のポーションカットやソースや付合せの野菜に至るまで、下準備を周到にすること
② 加熱機器を中心として、ソシエの手の届くところに必要な食材や調味料類を保管すること
③ コンベアー・オーブンのような省力化機器を導入し、加熱調理時間・温度を設定し、ソシエがつききりでなくとも自動的に焼き上げるようにする

以上はレストラン厨房の場合であるが、ホテルの宴会厨房では、さらに大量で多種類の宴会メニューの準備や提供が進行することになる。この場合も、合理化のためになすことは、下準備・作業動線・省力化機器の効果的な導入という3点になる。

4 調理方法と厨房機器

　厨房運営の合理化のため、経営者や設計者も知っておいたほうがよいと思われる料理手法について簡単に述べる。

（1）新しい調理手法の導入の目的
　厨房の運営改革の一環として、以下のような新しい調理手法を導入することにより、厨房の合理化、省エネルギーなどを図ることができる。

① 大量調理のつくり置き調理手法として、クックチル調理などを考慮に入れる
② 味の均一化を図るためにレシピー化を遂行し、熟練者でなくても調理可能であるところまで精度を高めた半製品を提供し、人件費を抑える
③ 労働時間の合理化を図るために調理手法の改革を行い、最新機器の導入も考慮する
④ 食材集中調達によるローコスト化を図る
⑤ 閑散期への労働の分散に対応できる調理手法を遂行する

（2）新しい調理手法の種類と特徴
　最近、新しい調理手法として、厳密な衛生管理のもとで下処理を行った素材に加熱調理を施し、すぐに急速冷凍を行い、必要時に簡単な再加熱調理で料理の提供ができるように一定期間保存する調理手法が多く導入されている。この方法では、主に大量調理の提供において厨房の合理化が図れる利点がある。
　このようなクックチル（クック＝加熱調理、チル＝急速冷却）＋

衛生的温度保管＋再加熱提供調理手法としては、以下のようなものがあげられる。

a．ブラストチラー方式（従来型調理手法＋空冷冷却手法）

従来の調理手法を使い加熱調理を行い、調理後冷却しやすい容器に移し替え急速強制風冷却（－70℃程度が標準、－40℃程度でも死滅しない細菌がある）を行う。これは、料理品を保存する一定期間に、衛生管理上、細菌の繁殖の防止（25～50℃程度が細菌が繁殖しやすい）を図るため、急速な強制風による冷却を行うもので、その後、氷温冷蔵および恒湿冷蔵保存するというものである。

b．タンブルチラー方式（真空調理手法＋水冷冷却手法）

主として次項に説明する真空調理手法を行い、循環水冷冷却装置により調理後の冷却を図り、冷凍・冷蔵保存して必要時に再加熱して提供する。

スープやソースのような流動性のある調理半製品、調理完成品に

ついては、温度管理が容易にできる加熱機器がある。また、その後真空包装フィルムに充填し、冷却までを衛生的にできる機器もある。冷凍・冷蔵保存の場合も省スペース化が図れ、有効な手段であり、在庫管理もしやすい。魚介、肉類等のようなものは、下処理をすませて調理してソースと一緒に真空包装を行い、冷却保存して必要時に再加熱するだけで提供できる。量に合わせたポーションで真空包装処理が可能で、大量調理の際や一人前のような場合も対処ができ、提供時の調理作業が容易になる。

しかし、この方式を採用する場合は厳重な衛生管理が必要になり、厨房計画の段階で設備を考慮しなければならない。

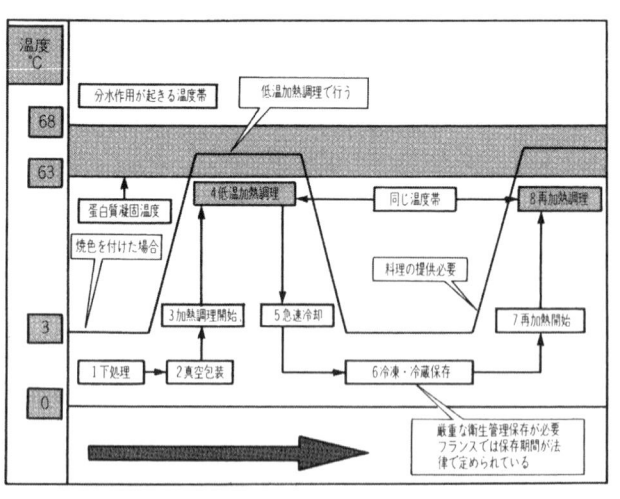

図2-12 真空調理手法の工程

(3) 真空調理法

真空調理法とは、図2-12に示すように、下処理した素材(調味のみ、肉類や魚介類は焼色をつける場合がある)を真空包装し、湯

煎やスチームコンベクション・オーブンで低温加熱する調理手法であり、保存はあくまで副次的なものである。

真空調理の長所は以下の点があげられる。

① 大量調理のつくり置きができ調理人員の合理化が図れる
② 味の均一化とともに調理の効率化につながる（作業のマニュアル化）
③ 人件費の削減が図れる（調理人員の効率化）
④ 料理によっては長時間味を染み込ませること等により、味が向上するものもある

また、真空調理の短所としては、

① ランニングコストが高くなる（工程が増えるため）
② 調理技術の低下を招く（熟練が不要となるため）
③ 調理方法を注意しないと似たような料理の提供になる

等があげられる。

真空調理は、細菌の繁殖しやすい温度帯で調理を行うため、多くの衛生上の注意点がある。具体的には、真空調理の際、病原菌の増殖を招く温度帯で作業を行わないことにより、食中毒の恐れのある病原菌の混入がないようにすることが重要である。また、素材を調達する際にも鮮度が重要である。近年は輸入素材も多く微生物危害を伴う場合があり、下処理の際にも落下菌等が食材で繁殖し食中毒につながる恐れがある。

そして、真空包装され、保存された調理半製品を再加熱し提供する際に、腐敗していないか確認する必要がある。そのほか、保存期間についても注意が必要である。

◆ホワイトソースのつくり方の違い

　ホテルの洋食の料理体系には、帝国ホテル系、ニューグランド系（ホテルオークラ）、中央亭系（ホテルニューオータニ）等がある。系列ごとに独自の調理方法が受け継がれており、料理名は同じようでも食材や料理の工程にかなりの違いがある。基礎調理方法の相違点を簡単に例示すると**図2-13**のようになる。

　図2-14において、味覚の観点からみるとAの調理方法が最も優れているが、この調理方法ではスープケトルが2台必要になり、ほかに比べて長時間の加熱が必要となるので、光熱費や人件費もかさむ。ホテルの一定の料理水準を維持しながらイニシャルコストとランニングコストを低減する方法の例として改革案（**図2-14**）が考えられる。

2. 厨房の運営革新　51

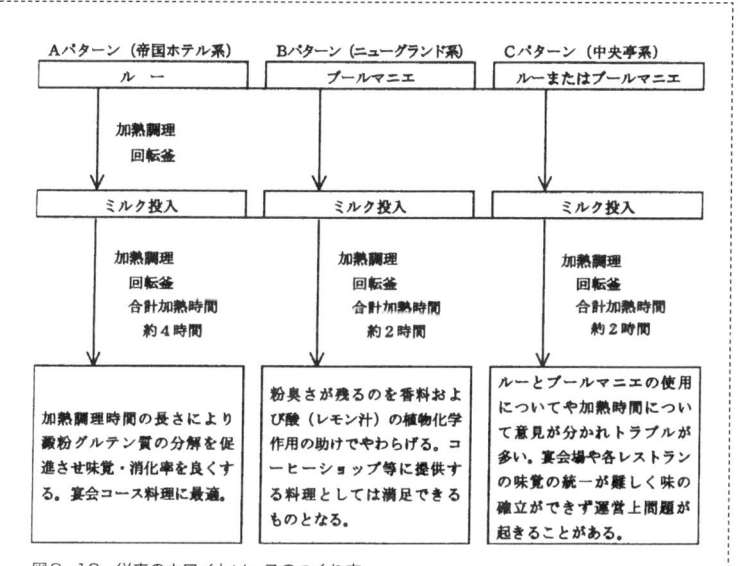

Aパターン（帝国ホテル系）	Bパターン（ニューグランド系）	Cパターン（中央亭系）
ルー	ブールマニエ	ルーまたはブールマニエ

↓ 加熱調理　回転釜

| ミルク投入 | ミルク投入 | ミルク投入 |

加熱調理　回転釜　合計加熱時間　約4時間 ／ 加熱調理　回転釜　合計加熱時間　約2時間 ／ 加熱調理　回転釜　合計加熱時間　約2時間

| 加熱調理時間の長さにより澱粉グルテン質の分解を促進させ味覚・消化率を良くする。宴会コース料理に最適。 | 粉臭さが残るのを香料および酸（レモン汁）の植物化学作用の助けでやわらげる。コーヒーショップ等に提供する料理としては満足できるものとなる。 | ルーとブールマニエの使用についてや加熱時間について意見が分かれトラブルが多い。宴会場や各レストランの味覚の統一が難しく味の確立ができず運営上問題が起きることがある。 |

図2-13　従来のホワイトソースのつくり方

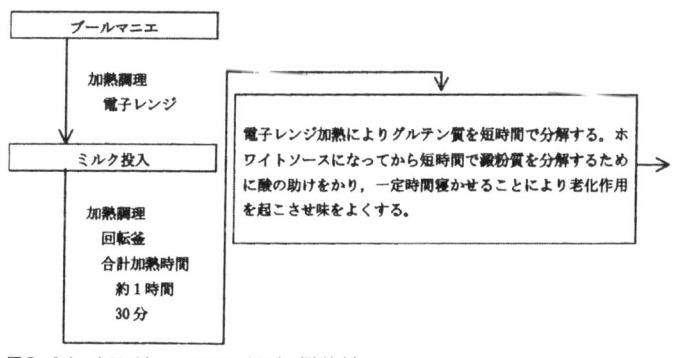

ブールマニエ

↓ 加熱調理　電子レンジ

ミルク投入

↓ 加熱調理　回転釜　合計加熱時間　約1時間30分

電子レンジ加熱によりグルテン質を短時間で分解する。ホワイトソースになってから短時間で澱粉質を分解するために酸の助けをかり、一定時間寝かせることにより老化作用を起こさせ味をよくする。

図2-14　ホワイトソースのつくり方（改革案）

真空調理を行う場合は、衛生上厳重な管理が要求され作業空間としてはクリーンルーム的な設備が望ましい。この調理に当たる従事者は、特に衛生面の配慮が必要になる。

　以上のように、真空調理をよく理解した上で使用することが前提であるが、一般には閑忙の差が大きい運営になりがちなリゾート地の施設には省人化などで大いに役立つ。しかし、真空調理を保存方法として安易に利用するのは、大きな衛生問題を起こす要因になる恐れがあるので注意が必要である。年中多忙なシティホテル等でメリットがあるかどうかについては、十分に検討する必要がある。

　調理手法としては大いに役立つ手法であり、衛生管理が厳重にされた上で採用されれば調理のレパートリーも増え、原価低減にも寄与する。ただし、この真空調理だけを主軸に置いた調理手法を行うと、味の低下等の問題が起こることがある。

（4）調理の作業工程の改革

　これからの飲食業には、間違った調理師のこだわりを改革し、調理の作業工程を変えることが求められる。

　過度の調理作業へのこだわりは、ビジネスとしての阻害要因であり、調理といえども聖域ではなくなっている。料理は幅広く、伝統料理から新しい料理に至るまで多種多様な調理方法がある。料理を提供することによりビジネスとして成り立たせるには、生産性を考慮しなくてはならない。大方の調理師がおいしい料理を追求することに専念するあまり、料理原価を軽視しがちになり、経営を悪化させることがある。調理にこだわることと、手間を省き生産性を高める調理方法をとることの違いを理解する必要がある。それには調理の作業工程をいま一度見直し、以下のような改革を検討するべきである。

① 調理食材の加工状態の見直しを図る
② 食材のカッティング工程を見直す
③ ソース等の調理作業工程の改革
④ 加熱調理をするための作業工程の見直しを図る
⑤ 冷却するための作業の見直しを図る
⑥ 収納容器の見直しを図ることにより簡素化を図る
⑦ 料理の提供時までの作業工程の簡素化を図る

(5) 省力化のための高性能機器について

近年、省力化のための高性能な厨房器具が開発されており、それらの代表的なものを紹介する。

a．スチームコンベクション・オーブン

加熱調理用の万能機器である。この機器は蒸気および強制対流熱風で加熱することと、マイコン機能の制御により多種多様の加熱調理が実現できる、収納容器もホテルパン（国際基準の寸法の料理の収納容器）という規格サイズのものを採用していることが作業をスムーズにさせる。

スチームコンベクション・オーブンは、ホテルパンの収納量として、6段、10段、20段のものが販売されている。この機器は万能ではあるが、焼き色を要望する場合は少し難点があるので、このことを考慮することが重要である。

スチームコンベクション・オーブンには、メーカーや、熱源（電気、ガス）により若干の性能の違いがあり、それを検討し、選定する必要がある。

b．コンベアー・オーブン

米国でピザを焼くために開発された機器であるが、日本では、現

在、ファミリーレストランでハンバーグを焼くことなどに多く使われている。ガスの燃焼式が一般的で、コンベアーにより運ばれる食材をオーブン庫内で強制熱風により加熱調理し、調理作業の低減を図る。生産性を向上させる機器となっており、今後ホテル等においても普及すると思われる。

ｃ．電子レンジ

小型のものは家庭でも普及しているが、業務用では大型のものが使用される。マイクロ波で食材の内側を加熱する仕組みの機器である。昨今の新技術により食材に最適な加熱設定が可能になり、ローストビーフなどもできる機種が開発されている。

（6）厨房機器の導入と調理人員

大規模な厨房施設では、多種多様の調理手法を導入すると厨房機器が増加し、調理人員も増大することになる。

洋食主体のホテル、和食主体の旅館、中華主体の飯店（ホテル）を比較すると、イニシャルコストの面で洋食が比較的高く、和食と中華は洋食に比べると安価になる。これを使用する厨房機器、器具の違いから出てくるもので、調理方法と厨房機器が深く関わっている。

洋食の調理方法の作業工程は、和食、中華に比べ、調理の工程が多く、このことが調理機器、器具等を多く使用することになる。それにより、厨房機器、器具等のイニシャルコストが高くなり、経営を圧迫することになる。

これを改善するには、前述したように調理作業工程を改革しなければならない。そのほか、下記のように従来型の調理方法の見直しを図ることが大切である。

① 下処理調理の見直しに伴い生産性の向上を図り、省人化の観点で調理機器の導入を検討する
② 加熱調理の改革を行い、生産性を向上させるための機器の導入を検討する
③ 保管に伴う機器と厨房器具の選定の関連性を考慮し、余分な作業を低減することにより省人化を図る（ラップ類の削減など）
④ 料理の盛付け、搬送の効率化を図るために、料理の完成品の保管や搬送工程を削減し、省人化できる機器の導入を検討する

3．厨房の衛生化

1 厨房の衛生化とHACCP

(1) 厨房の衛生化のためのコンセプト

1章で述べたHACCPの概念については多くの文献があるが、実際に衛生キッチンを計画するための、具体的な厨房レイアウト等の設計手法についての記載は少ない。HACCPのマニュアル類には、文書による品質管理の方法や責任区分の明確化について記述されている。品質管理の考え方は、ホテル、レストランでも学ぶところが多い。しかし、ホテル、レストラン、病院等において、それぞれの運営形態のあり方が異なる中で、HACCPマニュアルをこのまま適用し、衛生化を達成することは難しい。ここでは、実際の設計や運用に重点をおいて、食中毒発生の恐れの少ない衛生的な厨房をつくり上げるために何が必要かについて述べる。衛生的な厨房の実現を図るため、ツールとしてHACCPの概念や厨房のドライ化（床等を濡らさない＝ドライ化することにより細菌の繁殖を防ぐ）といった考え方を利用することが重要である。

(2) 衛生化導入の厨房設計ポイント

厨房の衛生化のポイントとしては大きく分けて、

① 適切なゾーニング
② 人・物の動線計画
③ 厨房器具、建築設備、建築仕様の配慮
④ 運用管理手法の確立
⑤ 適した備品の整備

等があげられる。

これらの中で「運用管理」が最も重要であるが、ゾーニング、動

線といった計画面や、仕様面についても十分な配慮をする必要がある。そして、これらのポイントを考慮しながら、衛生化と合理化の両面から生産ラインとして厨房を組み立てることが必要である。

　以上の内容を十分に反映した厨房を構築するには、それなりのコストをかけた厨房としなければならないため、経営者の関心と理解が必要である。

　ホテル、レストラン等で、HACCPの概念を完全に取り入れるには、スペースが不足したり、ゾーニングや動線を明確にするために調理人員が増えたりすることも考えられるため、衛生化と合理化のバランスがとれた計画としなければならない。また、衛生概念を重視しすぎるあまりに、料理の手づくりのよさを全く否定するのではない。従来のやり方の固守は衛生化の阻害要因にもなるので新しい管理手法やそれを支援する機器の導入を推進すべきである。

2 厨房の衛生化設計手法

ホテル、レストランにおいて、HACCPの概念を厨房計画に取り入れるためには、現実的な衛生化設計手法が必要になってくると考えられる。ここでは、衛生化を図るための具体的な内容について述べる。

(1) ゾーニング計画

厨房内はできるだけシンプルな動線計画として、特に大型施設の場合は、食材の調達から塵芥の排出までの流れを考慮したゾーニングの厨房設計計画を行い、「ワンウェイ」(一方向の動線計画)を基本とする。それにより外部からの汚染危害を防止するための厨房プランができる。

小規模飲食施設で小さいスペースになりがちな厨房の計画では、動線計画と運用が重要なポイントとなる。中小規模のレストランにおいては、調理人員の出入口と食材の搬入口が一緒になり、このゾーンは衛生管理の高い認識に立って計画しなくてはならない。そこで、調理作業工程のフローを作成し、どの調理作業が細菌の繁殖による食中毒の危険を伴うかを考えて、作業動線がワンウェイにな

「ワンウェイ」とすることが重要 →

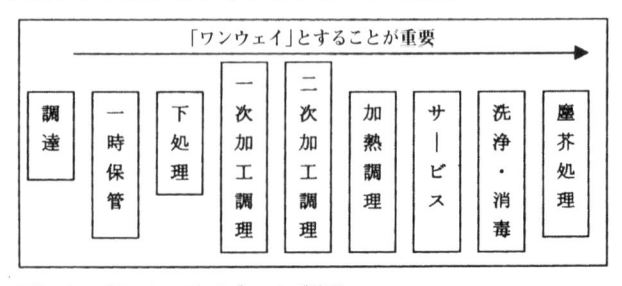

| 調達 | 一時保管 | 下処理 | 一次加工調理 | 二次加工調理 | 加熱調理 | サービス | 洗浄・消毒 | 塵芥処理 |

図3-1 「ワンウェイ」のゾーニング計画

るような機器の配置を行い、これによって衛生化の向上した厨房とすることができる。

（2）動線計画

食材の調理加工においては、生産される工程を配慮した各セクションの厨房配置を計画し、調理作業および運搬の交差が少ない厨房計画を行う（**図3-2**参照）。

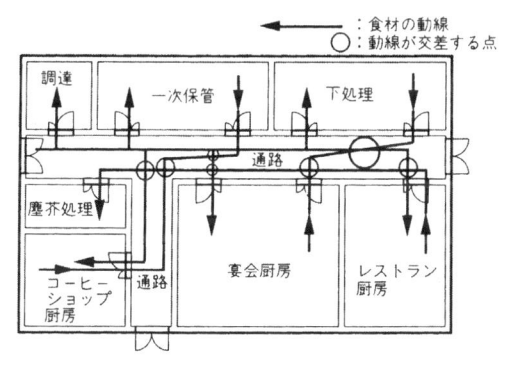

図3-2（a）動線の交差が多く非衛生的な厨房計画

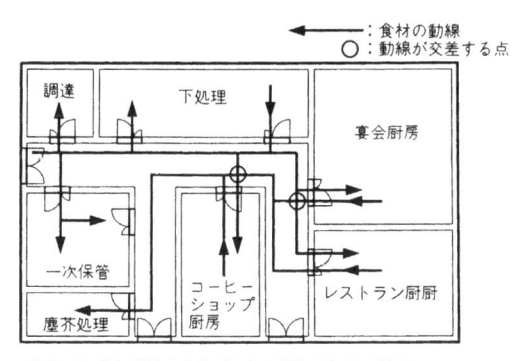

図3-2（b）動線の交差が少なく衛生的な厨房計画

(3) 機器配置計画

厨房機器の配置の共通事項としては、下記のような据付仕様を検討する。

① 機器配置をする際に、食物滓や塵芥が溜まらぬようにコンクリートベース（100mm）程度コンクリートで厨房器具をかさ上げする）を設ける。
② 壁側の配置機器については、ウオールマウント形式（壁吊形式）により厨房器具の下部の清掃がしやすくなり、衛生化が図れる（**写真3-1参照**）
③ 中央部の機器配置については、ブリッジ形式（両端部だけ床置き）で設置することで、食物滓や塵芥が溜まらぬようにできる。

写真3-1　ウオールマウント設置例

(4) 厨房器具仕様

厨房機器の選定に当たっては、衛生的配慮がなされていなかったり、部品に至るまで形状の清掃性が悪い機器は選定を避ける。以下に選定上のポイントを述べる。

① 清掃性が劣っているものが多い機器としては、フライヤー、ガスコンロ、オーブンレンジ、グリラー等があげられ、細部にわたった仕様のチェックが必要
② ごみ溜りのない平滑なディテールを採用する等、板金製品の製作方法により衛生化がかなり向上する
③ 厨房機器のほとんどがデザイン的に統一されていないことが衛生化を妨げている。メーカーの違いから起きるもので、配置する場合、寸法の違いや、バックガードの形状の違い等により清掃性が悪くなる

(5) 運用管理

運用管理は衛生面の向上で最も重要な項目である。スタッフの入れ替りの激しい職場でもあるので、十分にマニュアル化しておく必要がある。運用管理のチェック項目について、仕入れからサービスまでフェーズごとに述べる。

a. 調達と受入れの施設と整備事項

仕入れに際し、仕入先業者の管理も行う。業者の食材保管の状況、搬送の方法、納入時の食材の温度管理等について定期的に検査をする必要がある。食材は、保健所等から検査を受け、正式に認可を受けた業者から調達したほうが危険度が低いと考えられる。

納入時の荷姿にも注意する。梱包に用いたダンボール、発泡スチロール容器等の衛生状況も点検する。対策として指定調達容器（フードストレージボックスやフードホテルパン）を定める。ビンや缶類等の容器に収納された食材の調達はできるだけ避ける。特に魚介類においては、現状として発泡スチロールの梱包が多く使用されて搬入されてくるので、指定調達容器に改める必要がある。

魚介類を調達する場合は、業者から認定書（魚介類が安全な地域の海から採れたことを証明するもの）を提出してもらうべきである。加工食品（レトルト食品、冷凍加工食品）等の衛生基準（保管期間等）を設ける。自然のキノコ類を使用する場合も、種類の厳重な確認と生産地を認識する必要がある。

b．食品、原材料の一時保管施設と整備事項

食材別の分類保管は十分に記録を取りながら適正にする必要がある。肉類や魚介類の冷蔵庫は、4.0℃以下で保存できること、冷凍食材の冷凍庫施設設備は、－18.0℃で保存できることが必要である。生食用の冷凍食材の温度帯が出し入れ等の作業により、管理が不十分になる恐れがあるので、厳重な温度管理が必要になる。

食材庫の管理面では、危険性の高い食材を見つけ、過去にどの食材が食中毒の発生等に関係したか確認するとともに、大量に使用されている食材を厳重に管理する必要がある。

以上のような基準を認識することで、食材の安全性とリスクに対応できる。

c．食品、原材料の下処理施設の整備

大量調理を行う場合は、肉類等の下処理、魚介の下処理、野菜等の下処理を区分けした処理室を設ける配慮をしなければならない。小規模厨房の下処理についても、厨房内を作業区分けすることが必要である。下処理作業に際して汚染する恐れのあることを認識しなければならない。

適正管理温度を保持するために、小量で下処理調理する。肉類（牛肉・鶏肉・豚肉・鳥獣類）や魚介（生鮮魚・冷凍魚・甲殻類）は厳重な衛生管理が必要になる。特に食中毒の恐れの多い食材に対しては、包丁、まな板、容器、カッティング機器の清潔管理および

消毒を怠らないような配慮をすべきである。

　生で食する野菜は清潔な冷却水で十分に洗浄し、衛生的な容器で保管する。場合によっては亜塩素酸水（きのこ類を除く）、亜塩素酸ナトリウム溶液（生食用野菜に限る）の使用も考慮する（2013年4月時点）。

　下処理施設の衛生管理上、消毒する際は必ず消毒液を容器に入れ、適正濃度をチェックして使用する。調理済みの料理は、清潔な手袋や消毒済み道具で扱う。そして適正な手洗い方法で手を洗う。

　調埋作業の際に、料理人が誤って切傷や擦過傷になった場合は、危害を及ぼす作業は避け、傷口は覆い保護する。また、人に伝染する恐れがある病気の場合は、作業に従事することを禁止する。

d．一次加工調理と保存の重要管理点

　食材の一次加工調理に際してドライ化（床等が濡れないこと）された厨房エリアにすることが調理作業の衛生化には必要である。

　調理従事者は、細菌や病原菌の増殖温度帯と制御するための知識を深めた上での調理作業が、重要な要素となる。

　調理品は20.0～50.0℃までの「保温・保存」状態の場合は、細菌や病原菌の発育適温度帯となる。そこで、2時間以内に提供することが、食中毒の防止につながる。このほかの調理品の温度帯で4.0～20.0℃の保存の場合は、4時間以内に提供しなくてはならない。

　鶏肉、豚肉、冷凍肉類、冷凍魚介類を使用した調理半製品は「低温保存」であり、細菌や病原菌の繁殖が低温状態でも増殖する危険がある。敏速な対応で加熱調理に移行することが衛生面の危害を低減させることになる。鶏卵を使用した調理半製品の低温保存は特に危険になり、食中毒に結びつくことが多い。これは鶏卵に加熱温度が十分に入熱されず滅菌されないことで、菌が増殖しやすい環境に

なるために起きることである。

　雑菌や細菌が増殖しやすい料理には、オムレツ、フライエッグ、カスタードクリーム、スポンジケーキ等があげられる。

ｅ．二次加工調理と保存

　二次加工調理で最終調理となる調理品は、細心の注意が必要になる。加熱調理後、冷却保存して冷製料理として提供される場合、保存時間も長くなると問題につながることが多い。提供時に加熱される料理と違い、細菌や病原菌の増殖が起きるのである。

　問題が起こりやすい料理には、テリーヌ類（低温調理のため菌が増殖する）、ひき肉類、ソーセージ、ハンバーグのクックチル（加熱調理・冷却長期保存）等があげられる。

　急速冷凍は、調理食材の安全性を向上させる。調理食材は4.0～50.0℃の間が調理品の危険温度帯で、この環境下で細菌の増殖スピードが上昇し、間違った冷却が食中毒の要因になる。

　冷却時間が短いほど細菌の危険温度帯での増殖が低減される。その危険温度帯に料理が４時間以上放置された場合は廃棄すべきである。また、冷蔵庫で冷却すればいいという認識は危険であり、開閉の頻度により冷蔵庫の温度が上昇し、冷蔵庫内の他の料理にも影響を及ぼすことになる。

　有害細菌の急な増殖は、腐敗しやすい調理品から始まる。肉類、鶏肉、魚介類等では、特に顕著である。肉類、鶏肉、魚介類を使った調理品では、食材の加工、冷却保存は重要管理点である。

ｆ．加熱調理施設の整備

　責任の明確化を図り、加熱調理工程を管理する。重要管理点を特定したら、次に重要限界、安全基準を決定し、危害を排除したり、低減する。

表3-1 加熱調理指数

	加熱調理指数		
	安全加熱温度帯（℃）	加熱時間	備　考
牛肉類	63.0℃以上	15秒以上	
豚肉類	70.0℃以上	15秒以上	旋毛虫を殺菌
鶏肉類	75.0℃以上	15秒以上	サルモネラ菌を殺菌
鳥獣肉	63.0℃以上	15秒以上	
鮮魚類	鮮度や魚の種類により細心の注意が必要 65.0℃以上	15秒以上	
貝類	75.0℃以上	15秒以上	
甲殻類	甲殻類の鮮度や種類により細心の注意が必要 65.0℃以上	15秒以上	
ハンバーグ	75.0℃以上（豚肉入り）	15秒以上	大腸菌O-157を殺菌
冷凍食材	75.0℃以上	15秒以上	

　表3-1は安全基準のための指数の事例である。この指数を前提に加熱調理時間と温度を設定することで、危害防止につながる。

　再加熱は調理してから2時間以内、75.0℃で15秒以上の急加熱が必要である。

　安全のための重要限界は、加熱調理の最終温度で細菌を死滅させる点である。

　ここでモニタリングについて記述する。モニタリングとは、調理過程において、食材や作業空間の温度測定、調理時間等の記録を行うことである。モニタリングは、調理システムの異常を事前に発見するという意味で調理品の安全管理で非常に有効である。安全管理

基準から外れた場合、問題が発生する前に調理プロセスを正常に戻すことができる。

モニタリングによって記録管理することで、調理システム適合性を証明することができる。システムが正常に管理されていなければ、安全でない調理品を使用することになるからである。

モニタリングには以下の項目が必要になる。

① 加熱時間・温度の記録、時間・温度グラフ
② 調理品の温度記録チャート
③ 設備機器のモニタリングチャート
④ 消毒液のチェックリスト

モニタリングを行う場合には、その責任者と責務を明確にしておく必要がある。その内容を示す。

① 各測定手法に関して熟知していること
② 各モニタリングのステップの重要性に関して理解していること
③ いつも各情報をモニターできる状態であること
④ モニタリングに関して偏見なく客観的に見られる立場にあること
⑤ 正確に記録し報告すること
⑥ 数値や運用状況で正常でない行為等速やかに報告し修正する
⑦ モニタリングの手順を確立する
⑧ 時間・温度グラフ、作業結果の記録管理を定期的に厳格に行う

そのほか、厨房の衛生管理面における、重要確認事項を整理すると下記のとおりになる。

① 調理作業の工程が増えれば増えるほど、危害は増大することを認識する
② メニューの種類が増えれば増えるほど、危害の増大することを認識する
③ 調理従事者および調理責任者は、特に食材加工を最初から最後までの工程を把握することが重要になる
④ 食材で危害が起きやすいメニューレシピーは、見直しを図る必要がある
⑤ 真空調理法、クックチル等新しい調理方法を採用している確認し、その場合、衛生管理を厳重にすること
⑥ 食品が調理、冷却、再加熱サイクルを通るか、残り物はどのように処理されるか確認すること

g．サービスのための設備

　調理スタッフとサービススタッフの連携も重要である。特に宴会等の場合に、その料理を実際に調理した時間とお客様にサービスする時間との間には時間差が生じる。保温・保冷を厳密に行わないと食中毒の原因となる。

　20.0‐60.0℃で保存された料理は、2時間以内に提供するという提供基準を定める。常温で2時間以上放置された食品は、必ず捨てるようにしなければならない。

　また、保冷ワゴン・保温ワゴンは清掃・消毒を怠らないような管理をする。

h．洗浄・消毒施設の整備

　正しい食器洗浄・消毒方法を行う。水へのつけおき時間の管理や食器洗浄機への食器の並べ方も留意すべきである。

（6）備品使用

　厨房の衛生化の一環として、運用段階において実際に使用される備品の選定を考慮する必要がある。厨房で使用する備品・器具の数量を調理師の勘や経験で安易に決定すると、保管するスペース不足等の問題が起きるだけでなく、不衛生の要因に結びつく。メニュー、食数から適切な仕様、数量を選ぶ必要がある。

（7）厨房のドライ化

　衛生厨房の基本は床等を濡らさない「ドライ化」することである。水で濡れていると、雑菌や有害細菌の増殖を招き、汚染の要因となる。飲食施設の厨房は医療施設のクリーンルームのような高度な衛生基準に達成しないまでも、調理加工の施設として衛生向上を図る必要がある。

　ドライ化のポイントとしては、以下があげられる。

　厨房内での床に対しての汚れは、食材のカッティングの際に誤って落とす食物滓がほとんどである。これを清掃の水を使用して洗い流すが、これによって床はウェット状態になり、汚染の要因を招く。これを改善するには包丁を使用する作業ゾーンを区分する必要がある。

　加熱調理では、油脂分の飛散により床面が汚れるスペースを極力少なくすることが必要である。その対応として、作業しやすいように開口の少ない側溝（**写真3-2**）を、この作業ゾーンに対して使用することも有効である。

　ドライ化を前提とした場合、厨房の床排水計画は、**図3-3（b）**に示す形態が望ましい。**図3-3（a）**のように、排水側溝を全域に配置し、グリストラップに流す形式が現在でも一般的である。しか

3. 厨房の衛生化　71

写真3-2　開口の小さい側溝

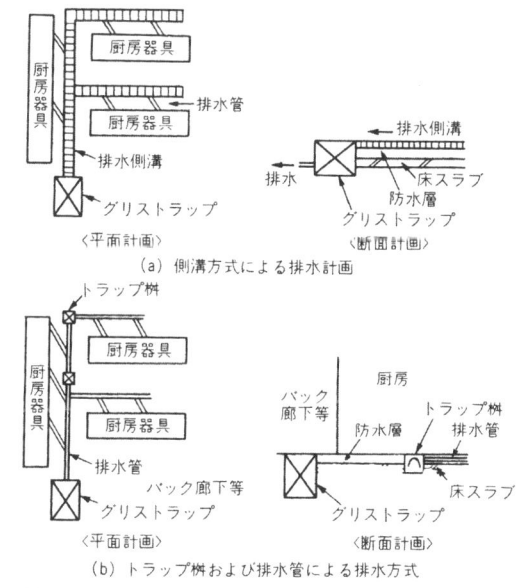

(a) 側溝方式による排水計画

〈平面計画〉／〈断面計画〉

(b) トラップ桝および排水管による排水方式

〈平面計画〉／〈断面計画〉

図3-3　厨房排水設備の比較

し、側溝が多く配置されているということは、それだけウェットな部分が多いということで、細菌除染の危険もそれだけ多い。桝と配管を配置し、できるだけ汚染を防ぐ（b）の方式のほうが好ましい。側溝方式とする場合も、清掃しやすいように、コンクリート面を樹脂やステンレスプレートでコーティングすることが望ましい。

　また、グリストラップも衛生上問題が多い。法律上、原則として厨房に設置しなければならないが、グリストラップ自体が汚染源となる恐れの多い設備である。グリストラップは、その清掃費が高いことや、面倒であること等から、通常あまり清掃されていない。そのため、実際には油脂分を除去できないばかりでなく、ごみ溜めとなり、雑菌や臭気の源となっていることが多い。図3-3（b）のように、厨房内にグリストラップを設置するのではなく、衛生上あまり問題とならないバック廊下等に配置するほうが好ましいと考えられる。

　ドライ化を考えるとき、床材の選定にも注意を払う必要がある。

　ホテル等では、高価な厨房用のノンスリップのタイルを使うことが多いが、タイルの場合、目地の清掃が不十分となることが多い。塗り床材で平滑に仕上げた材料には近年、抗菌タイプのものもあり、厨房エリアごとに床材料を慎重に選択しなければならない。

　全く床を水流しせず防水なしで配管を床貫通しているドライ化厨房の事例がある。実際には水をこぼすこともあり下階への影響にも配慮し床防水をしたうえで、実際にはキープドライすることが望ましい。適時、殺菌性のある水（高温水、消毒剤、電解水等）で洗浄し速やかに排出できるよう排水計画も行う。

3 厨房衛生チェックリスト

これまで述べたように、衛生面で優れた厨房とするには、
① 動線、ゾーニング等、計画面での配慮
② 設備、厨房や、建築仕上げ等の仕様面での配慮
③ 運用段階における調理や管理手法における配慮
④ 搬入、保管、貯蔵ならびにサービスのための備品における配慮が必要である。

これらをより確実なものとするためにHACCP手法やドライ化等が各項目共通にあげられる（**図3-4**）。

衛生的なキッチンを実現するために必要な項目について、チェックリストの形式でまとめた（**表3-2**）。実際にはコストやスペース等の制約の中で、運営の合理化とのバランスのとれた衛生キッチンを構築していくことが求められる。

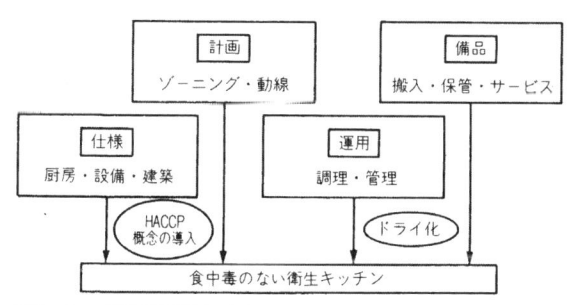

図3-4　衛生厨房計画の実現

表3-2　衛生キッチンチェックリスト

計画（ゾーニング・動線）	○作業内容によりクリーン，準クリーン，ダーティーのゾーニングを行っているか？（ゾーニングは間仕切りを設けることが望ましい） ○食材，料理の移動においてクリーン，ダーティーの動線の交差はないか？ ○人（調理人，スチュワードほか）の動線の交差はないか？ ○仕入れルートは，厨房エリアと隔離しているか？（仕入れ業者が厨房内に入らない計画） ○ドライ，非ドライのエリアのゾーニングをしているか？ ○空調温度帯の異なるゾーンは，部屋を分けてあるか？ ○下処理エリア（ダーティー）と厨房セクション（クリーン）の間は人的移動で運ばれないような食材の保管をパススルー冷蔵庫を設置し区画しているか？　冷蔵庫の庫内が常時清潔管理されているか目視できるように扉はガラス仕様になっているか？ ○冷蔵庫，コールドテーブルを特に生もの調理器具の近くに配置しているか？ ○冷製品を扱う場合，製品冷蔵庫と食材冷蔵庫は分けて配置しているか？ ○便所は厨房エリアより一定の距離より離し清潔管理された位置に配置してあるか？ ○調理人の私物を置くロッカー室は配置されているか？ ○衛生責任者の目が届くよう，厨房エリア全体を見通しのよいゾーニングとなっているか？（吊り戸棚等見通しの障害となるものは設置しない） ○下処理エリアの塵芥や下膳処理の塵芥ルートはクリーン，準クリーンを通過せず排出ルートは確保されているか？ ○厨房において調理ゾーンと，サービス空間は原則明確に区画することとするが，空間として連続している場合，調理ゾーンに調理者のみがいることが出来るように示す扉（少なくともウエスタン扉）を設置する。 ○備品や搬送用のワゴンのスペースが設定されているか？
仕様	○厨房器具は部品に至るまでごみ溜りが少なく清掃しやすい形状となっているか？（脚部，バックガードほか） ○板金類の接合部はシーリングは避け，できるだけ溶接接合し雑菌の温床にならないようにする。 ○ごみの入りやすい器具間の隙間は，ステンレスプレートで覆う。 ○下処理エリアのシンクや冷蔵庫には外部からの汚染を防止するために抗菌鋼板を使用。 ○冷蔵庫や扉の把手は抗菌仕様とする。 ○下処理のシンクは大型の舟形シンクとし，肉汁や魚介のうろこ，内臓等が飛散しないようにする。 ○ギャベッジ缶はテーブルに収納できるようにし，通路にごみが落ちないようにする。 ○床洗浄用のリールホースユニット等，床を洗浄する道具を用意し，かつ，ホースが汚染されない構造のものを選定する。 ○食材を入れるコールドテーブル等の冷蔵庫扉はガラス仕様とし，何が入っているかわかるようになっているか。 ○床排水側溝は，シンダーコンクリートに埋設された排水管に常時排水が溜まらないよう勾配がとれているか。 ○排水側溝のコンクリートには，腐食対策としてエポキシコーティング等を行ったか？ ○排水側溝の材質（SUS304系が望ましい）や仕様（開口面積ほか）を検討したか？ ○グリーストラップは生物処理方式とするか，厨房エリア外に設置してあるか？ ○配管は露出せず，立ち下げ部分は，ごみが溜まらないよう，凹凸部がないよう，ステンレスでカバーされているか？

表3-2 (つづき)

仕様	○空調は部屋ごとに温度調節できるか？ 特に冷製品を扱うゾーンは夏季ピーク時においても25℃以下に調整できるか？ ○手洗い器は分散して、調理スペースに適切に設置されているか？ また水栓は自動水洗もしくは足踏み式としているか？ また固定式の手洗い石鹸もしくは消毒入れがあるか？手拭のための乾燥機もしくはペーパータオルが設置してあるか？ ○外気取入口にはフィルターが取り付けられているか？外気の取り入れは、虫の侵入を抑えることができる中性能フィルター相当を通じて行う。 ○空調方式空調機が汚染源とならないようオールフレッシュ方式を原則とする。 ○排気の捕集効率，換気効率を考えた排気フードの計画がなされているか？ ○照度は適切でかつ，ほぼ均等になっており，清掃の支障をきたす部分がないか？ ○床は水溜りができないよう勾配がとれているか？（1/150以上の勾配が望ましい） ○扉は自動扉となっているか？ ○壁は吸水性のない材料（SUS，タイル等）となっているか？ ○防虫，防鼠対策は行われているか？ ○結露防止対策は行われているか？（天井内換気，冷蔵庫，低温室の断熱，およびそれら各室の配管貫通部の断熱処理） ○手洗器は，手首まで洗うことができる全自動方式とする。自動消毒液付とする。 ○自動手指消毒器の要否も検討する。
運用	○仕入れた食材の在庫管理は，セクションごとに十分行われているか？（食材庫，冷蔵庫内の適正在庫保管容量） ○害虫の持込みの恐れのあるダンボールは，仕入れエリアから厨房エリアへは持込まないようになっているか？ ○器具の洗浄および消毒保管はきちんと実行されているか？ ○床，厨房器具，食器洗浄機の洗剤，消毒剤の性能は妥当なものか？ ○ドライエリアにおける水濡れがないように管理されているか？ ○提供食品の時間管理がされているか？ ○料理の芯温管理ができるようになっているか？ ○食材の解凍方法（使用器具・時間等）は定められているか？ ○冷凍，輸入食材等の細菌検査はなされているか？ ○真空調理やクックチルなどの新調理手法を採用する場合，温度や保存期間などの書類による管理が行われているか？ ○調理者自身の包丁等の消毒保管場所は確保され，食材ごとに使い分けされているか？ ○調理者の健康管理が行われているか？
備品	○食器は傷のつきにくいものとなっているか？ ○食器の収納や保管スペースは，ほこりや雑菌が付着しないような収納がされているか？ ○搬入食材の容器は統一されているか？ ○保管，サービスの容器は統一されているか？ ○保管容器については清潔管理が行き届くように中が見えるようになっているか？ ○食材の一時保管の場合，ラップ等は使用しなくてもよいか？ ○移動式の温蔵カート，冷蔵カートは食数に対応した数量が用意されているか？ ○包丁は衛生管理されているか，また消毒保管器具は用意されているか？ ○調味料の保管容器の統一や，保管スペースは用意されているか？

4 HACCP概念を導入したホテル厨房の事例

　ステーションホテル小倉（福岡県北九州市、1998年4月開業）においては、ホテルの基本計画当初より「厨房の衛生化」と「作業の合理化」を基本コンセプトとし、衛生対策を数多く盛り込んだ。

　ステーションホテル小倉における、ホテル厨房の衛生計画の具体的な内容を**表3-3**に、主厨房の計画を**図3-5**に紹介する。

　ここでは、調理作業の合理化を図るために、作業動線を短くして高性能調理器具を導入し、少人数で運営できる厨房としている。衛生計画上のポイントは次のとおりである。

a．動線、レイアウト

- 仕入れ業者を厨房内に入れない
- 下処理エリアは分離し、動線や温度管理に留意する
- 冷蔵スペースを用途ごとに分散して十分確保する

写真3-3　ステーションホテル小倉の主厨房

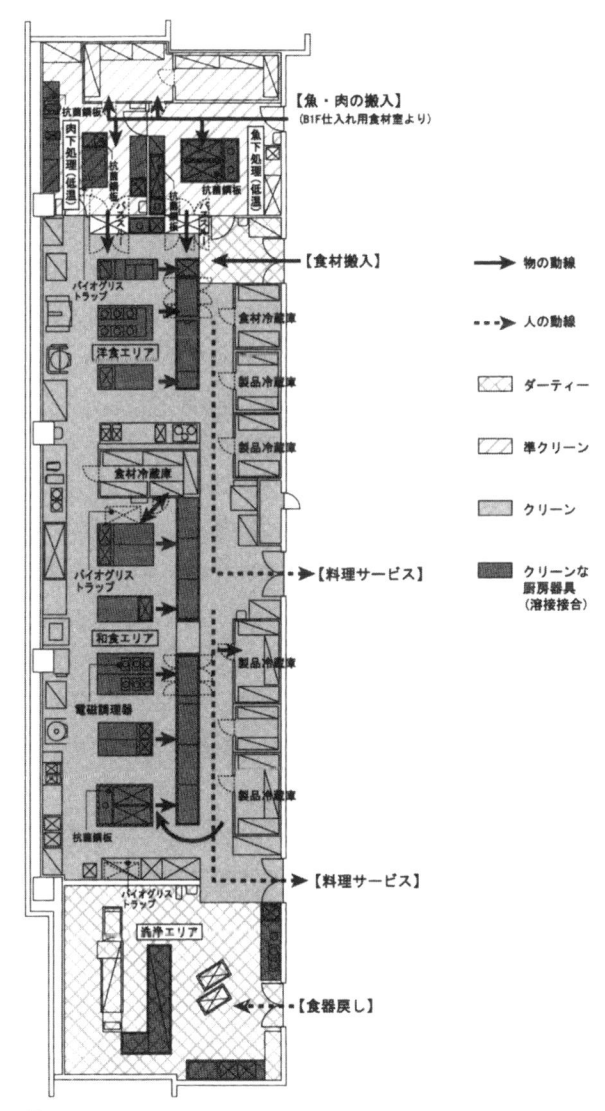

図3-5　ステーションホテル小倉の厨房平面

表3-3 ステーションホテル小倉の衛生化対策項目

分類		計画内容
動線・レイアウト		○仕入れ室,仕入れ用食材庫,冷蔵庫を厨房と別エリアに設け,仕入れ業者をそこから厨房エリアの中へ入れないようにする。また,汚染源となる可能性のあるダンボールは,業者に引き取らせる。 ○魚介類の下処理室,ブッチャー室等は,汚染される可能性が高いため,動線は他の厨房セクションとは独立させ,出入りを最小限とする。搬入は外部から直接できるようにし,調理セクションへのサービスはパススルー冷蔵庫を通して行う。 ○料理の搬出の動線と,食器の戻しの動線は重ならないようにする。 ○加熱セクションの熱が,他に影響しないように器具,壁等を配置する。真空調理やクックチルは雑菌が大敵であるので,そのエリアの温度管理ができるようにし,その動線も短くする。 ○カートイン冷蔵庫を厨房セクションごと,用途ごとに配置し,料理半製品,食材の保管を短い動線でできるようにする。 ○コールドテーブルを分散配置し,効率良く補給できるように食材を保管する。
厨房器具	器具仕様	○板金各部にアルゴン溶接接合を行い,汚れ溜りを防ぐ。テーブルのトップ部分やボールの接合部には,接続の座金プレート,ネジ等は極力使用せずに,ごみの溜まらないディテールを採用する(コーキングは不衛生であり最小限とする)。 ○テーブルエッジ仕様は,水きりがよく,調理くずが落下しにくいディテールとする。 ○シンク廻り等は,抗菌鋼板(SUS-430,銅イオン配合)を使用する。 ○吊り戸棚の上部にはほこり溜りができないように,隙間のないカバーを付ける。 ○冷蔵庫のコンデンシング・ユニットはメンテナンスを考慮し,厨房内に設置するが,カバーを取り付ける。 ○大きなテーブルは,下地補強を適切に入れて平滑とし,水溜りができないようにする。
	器具選定	○電磁調理器採用により油煙の低減を図り,レンジ周囲および床,壁,天井の衛生を向上させる。 ○床洗浄用の天井設置のリールホース・ユニットを設置する。 ○スチームコンベクション・オーブンは,内部洗浄用スプレーの付属されたものとする。 ○食材のくずが多く出る場所には,ダストテーブルを配置し,ギャベッジ缶を収納する。 ○ほこり溜りとなり,かつ視界の妨げとなる吊り戸棚は極力設置せずオープンでクリーンな厨房空間とする。

表3-3 （つづき）

分類		計画内容
厨房器具	器具据付仕様	○バックガードと壁の隙間は最小限となるように施工する。 ○レンジなど台脚部にゴミが溜まりやすい場所には，ごみが入らないようにベースプレート（SUS-304）で塞ぐ。 ○厨房のウェットエリアとドライなサービスエリアとの境界は，シンダーコンクリートのベースで分離する。 ○レンジ，フライヤーなど壁面タイルの目地が油で汚染される可能性がある部分は，壁面をステンレスプレートで覆う。
周辺建築設備	空調設備	○換気量は器具ごとのフード面風より算出し，全域・全外気処理空調方式とする。 ○2系統の厨房セクションに空調系統を分け，設定温度および送風量をセクションごとに変えられるようにする。 ○ブッチャー室，ベーカリー室等，低温が要求される部屋は低温系統として単独空調とする。
	衛生設備	○天井からの配管（給水，給湯，ガス，蒸気）は，天井より下では横引き配管を行わない。 ○厨房入口の手洗い器には，自動水栓を設置し，大型のハンドドライヤーも一部取り付ける。 ○グリストラップはバイオ方式とし，臭気と雑菌を抑える。
	電気設備	○厨房器具付属のケーブルや，その他のケーブル類は余分な長さがある場合，ほこり溜りになるので必要最小限の長さに切りそろえる。
厨房関連建築仕様		○床は，勾配が十分にとれるように側溝を配置し，床も側溝も水溜りができないようにする。特に配管で側溝をつなぐ場合，水溜りに注意する。 ○床材はすべりにくく清潔な厨房用磁器タイルとする。 ○側溝の蓋は，軽量で取外しがしやすいものとする。 ○壁は全面タイル貼りとする。 ○厨房の出入口のドアノブは抗菌仕様とする。

●洗浄スペースを他ゾーンと隔離し、動線も分離した
b．**厨房器具**
  ●できるだけ溶接接合とし、ごみ溜りを防ぐ
  ●板金加工はごみ溜りの少ないディテールとし、部位によっては抗菌鋼板を使用する
  ●電化厨房機器を積極的に採用する
  ●吊り戸棚は極力設置しないようにする
  ●器具据付け方法も、ごみ溜りにならないように工夫する
c．**周辺建築設備**
  ●エリアごとに温度制御ができるようにする
  ●配管の立ち下げ部分はごみ溜りにならないようにステンレスでラッキングする
d．**建築仕様**
  ●床は勾配と材料に留意する
  ●側溝も勾配と蓋の材質に留意する

5 厨房の美観向上

(1) 厨房美観の必要性

厨房の衛生化を考える中で、現状のわが国の厨房において立ち遅れている点は「厨房の美観」であると思われる。

「衛生的な厨房」と「美しい厨房」は表裏一体であるが、一流ホテル、一流レストランでも美観に問題のある（人に見せられない）厨房が数多くある。美観という観点で厨房を計画されている例がほとんどなく、厨房メーカーに機器の選定を任せ、配管やフード等の厨房に現れる建築設備についてもコーディネーションする立場の人間が、十分にコントロールしていないことによると考えられる。

ヨーロッパのレストランでは美しい厨房が多く見られる。

厨房の美観が衛生化を考える上で重要なのは、以下の理由による。

① 美観を考える過程で、厨房器具や、建築設備、建築仕上げのディテールを十分に検討するため、ごみ溜りとなる箇所が少なくなる

② 美観を考える場合、「見せる」厨房とするため、見通しのよい厨房となり、ごみを放置したり、備品、調味料を乱雑に放置しない衛生的な運用管理がしやすくなる

③ 美しい厨房をつくることにより、そこで働く従業員ならびに責任者の士気が上がり、清潔管理がなされる

近年、一部オープンキッチンで美観を考慮した厨房が見受けられるようになってきたが、厨房全般について「見せられる」厨房とする必要がある。

(2) 厨房の美観向上のポイント

　厨房の工事は、厨房設備業者に発注することが一般的である。厨房メーカーは厨房内に混在する**表3-4**に示すような機器を単品として専業メーカーに発注する。表にないシンクや棚等の板金類は自社工場で製作するか、板金を行う協力会社に発注する。例えば、冷蔵機器をとってみても冷蔵庫、冷凍庫、ブラストチラー、冷水チラー、保冷庫等の機器があり、これのみでも1社に統一することが難しい。

　機器に使用されるステンレス素材の違い、厚さの違い、表面の仕上げ方の違い、サイズの違い、表面プレートやインジケーターの違い等が厨房内部のデザインの統一を妨げている。現状のこれらの問題点を改善するポイントを以下に述べる。

a．デザインコンセプトの明確化

　色、形、全体の外観等について、デザインのコンセプトを建築設

表3-4　専業メーカーに発注する機器リスト

冷凍庫・冷蔵庫機器メーカー	プレハブ冷凍・冷蔵庫・ リーチイン冷凍・冷蔵庫 コールドテーブル ドロワーコールドテーブル 製氷機等
加熱機器メーカー	スチームコンベクション・オーブン 回転釜・スープケトル ティルティングパン・ガスレンジ フライヤーグリドル等
保温・温冷ワゴンメーカー	保温ワゴン・温・冷ワゴン
調理器具メーカー	フードプロセッサー・ブレンダー フードスライサー等

計者、インテリアデザイナー等と調整する。

b．ディテールの調整

板金類を中心に、曲げ、研磨等のディテール、把手等の部材の統一を図るように調整する。

c．機器の選定

当然ながら機能が優先されるが、措置型の機器等には美意識に欠けるものが多く、ほかを美しく設計しても、一つの機器が美観を破壊することがある。銘板の取り外しやコントロールパネルの特注等も考慮する必要がある。特注化されたコントロールパネル事例を**写真3-4**に示す。

d．ビルトイン化の推進

電気調理器やフライヤー等、各厨房機器は、板金加工したケーシ

写真3-4　デザイン統一のため特注されたコントロールパネル

ングに組み込むビルトイン化を図ると、デザインの統一をしやすい。ただし、将来のメンテナンスや取り換えにも十分配慮が必要である。

e．建築設備と厨房設備の場合

配管は、点検でき、ステンレスカバー等に組み込むことで美しく、衛生的に納める。62ページの**写真3-1**は配管を壁際に収めたウォールマウント仕様の厨房施工事例である。また、換気のフードについても、美観に影響を大きく及ぼすので形状の選定には留意を要する。

以上のようにデザイン化された厨房は、従来の厨房と比較して現状では10〜20％のコストアップになると考えられるが、今後事例が増えて一般化すればコスト増にならないと期待できる。

(3) デザイン化された厨房の事例

デザイン化された厨房の事例として、ホテル日航福岡新館（福岡市、1999年1月開業）の厨房を紹介する。

この厨房の設計コンセプトは、ホテルの別館として、省力化を重視したほか、利用者に見せられる「ダイニング厨房」として計画された（厨房の平面を**図3-6**に示す）。

この厨房の設計ポイントは、以下のとおりである。

a．見せる厨房と合理的な作業動線の両立

見せる厨房であると同時に、少人数で作業できるように、作業動線が効率的で、見通しのよい厨房とする。

写真3-5　ホテル日航福岡新館厨房

b．デザインの統一化

一般の板金類のみでなく、冷蔵庫等を含めてステンレスの材質（SUS-304）や研磨の方向や把手の形状等を統一した。また、コントロールパネル等の色についても統一した。

c．寸法の調整

各厨房ラインで、寸法の凹凸がないよう、扉の厚さ等を整合した。

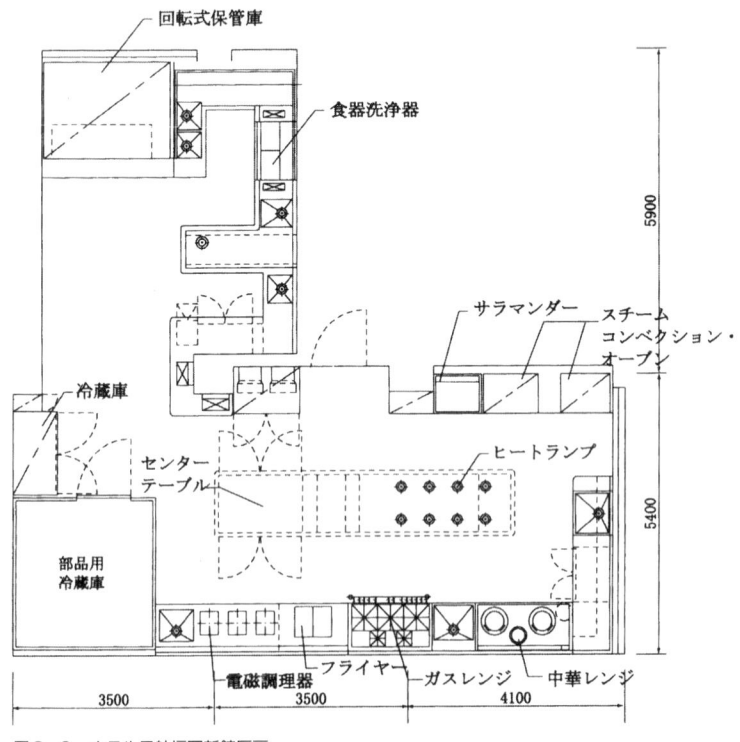

図3-6　ホテル日航福岡新館厨房

写真3-6 脚部SUSカバー

d．衛生化を考慮したごみ溜りのないディテール

美しく、かつ衛生的になるように、溶接接合や脚部のSUSプレート巻き（写真3-6）、機器と機器との間のスペースはSUSパネルでカバーした。

その他機器はビルトインを原則とした。

e．厨房器具単品のデザイン

ガスレンジ、フライヤー、ヒートランプ等、厨房器具単品についても、今回の厨房コンセプトに合わせて設計した。

f．建築デザインとの統合

センターテーブルに石材を使用したほか、床、壁のタイルのパターンデザインを取り入れた。

g．建築設備との統合

天井換気システムを導入し、快適な室内環境と換気性能を確保した。また、配管はウオールマウント什様の厨房背面に収納した。

6 作業空間の向上

(1) 作業空間の現状

衛生の観点から厨房の作業空間を考えると、多くの問題点があると考えられる。厨房は危険・汚い・きついの3K職場といわれている。衛生的な厨房を実現するための改善が必要であり、作業空間の改善は食中毒の防止のためにも重要である。

調理作業は立ち続けることが当然とされているが、この点についても将来的には改善されるべきではないかと考えられる。

また、作業空間の向上により、スタッフの疲労度が減少し、労働意欲を向上させることもできると思われる。

(2) 作業空間改善のためのポイント

作業空間を改善するための具体的なポイントを以下にあげる。

a．空調換気システムの改善

空調換気システムについては、省エネルギーの観点からも改善が必要である。詳細については4章で述べるが、空調換気については、温度コントロールを適正に行うこと以外、湿度管理、風速、空気清浄度、臭気、換気効率、圧力、結露防止等留意事項が多い。

b．厨房機器の排熱対策

厨房機器のうち加熱機器は、機種による加熱効率のばらつきが大きく、機器効率の低いガスコンロ等は周囲への排熱の影響が大きい。厨房器具の選定ならびに排熱処理の対策が必要となる。

c．厨房のドライ化

床が濡れていないことにより作業時の疲労を減らしたり、安全性の向上を図ることができる。

4．厨房設計の実際

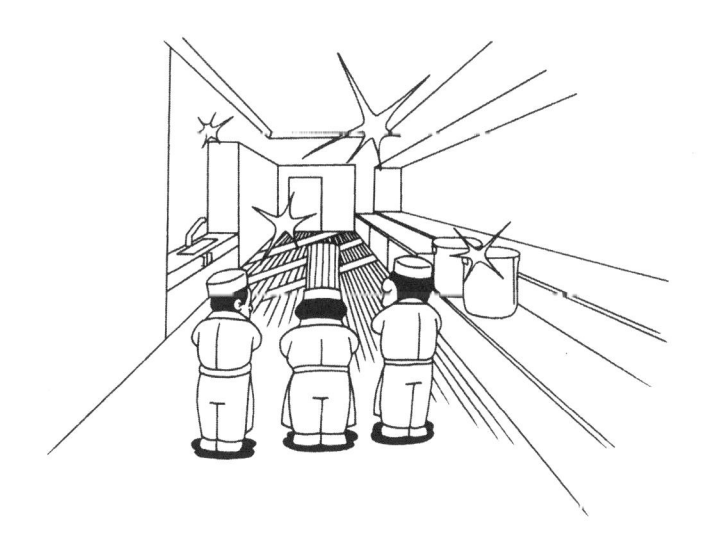

1 厨房設計の手順

(1) 厨房計画フロー

これまでのコンセプトにより、理想的な厨房を構築するための、ホテル厨房を例とした具体的な設計フローを表4-1にまとめた。

表4-1 厨房計画フロー（ホテルでの例）

	施設計画全般	厨房計画
企画・マーケティング	ホテルのコンセプト ○ ホテルのタイプ ○ ホテルグレードの設定 ○ 料飲部門の企画 ○ ホテルオペレーション方針	厨房計画コンセプトの設定 ○ 料飲設備のグレードの設定 ○ ホテルオペレーションからの展開 ○ 計画上のポイント絞り込み (省エネ, 省人化, 環境整備, コストの低減化等)
基本計画	建築基本計画 ○ マスタープラン 設備基本計画 ○ エネルギーボリューム想定 オペレーション基本計画	条件整理 ○ メニュー・単価・対象人数等の整理 厨房規模の設定 ○ 各厨房, バックヤードを算定し, 建築計画と調整 厨房動線計画 ○ 食材の搬入経路, サービス動線, 塵芥の搬出経路を計画し手法を検討 設備計画 ○ 各エネルギーのボリューム, 必要設備の洗い出し
基本設計	建築基本設計 ○ 建築プランの確定 設備基本設計 ○ エネルギーボリューム確定	厨房設計 ○ 主厨房および付随する厨房の機器配置の決定 ○ 機器仕様の設定 設備計画への展開 ○ 空調・換気・給排水・電気等の容量および設備仕様の決定 ○ その他周辺設備 (塵芥処理, 水, ITV等)
実施設計	建築実施設計	厨房実施設計 ○ 機器仕様の決定 ○ 指定機器の選定

表4-1 （つづき）

	施設計画全般	厨房計画
実施設計	建築実施設計 設備実施設計	○ 厨房実施設計図の作成 ○ 建築・設備実施設計とのとりあい 厨房周辺設備の実施設計
施工管理	工事管理 検収	施工段階での最終調整 ○ 詳細仕様の決定 厨房設備工事管理 検収
運営管理	トレーニング・ガイダンス 運営の実証	トレーニング・ガイダンス 開業後のフォロー・フィードバック

2 厨房設計の条件整理

（1）厨房設計の条件整理

厨房の基本計画段階において、条件整理が必要となる。どのような料理をどのようなサービス方法で提供するか調整しなくてはならない。ホテルについては、レストランに比べて宴会需要が多くなるので宴会の想定を加味する必要がある。

（2）条件整理の実際

数量的な条件整理のためには、本来、基本計画段階で、運営者と

表4-2 厨房計画の条件整理項目

	レストラン	宴会対応
メニューについて	料理のジャンル 価格 サービス方法	和食／洋食／中華の対比 価格 サービス方法 　サービス用備品
利用者数	利用者数 　食器・グラス類・シルバー類の適正在庫量	宴会利用数・平均出席者数 　食器・グラス・シルバー類の適正在庫量
人員計画	調理サービススタッフの人数，熟練度 　朝・昼・夜シフト	調理サービススタッフの人数，熟練度 　平常時・ピーク時

施設内の厨房計画	施設内の各厨房がどのように連携するか
食材	外注する製品・半製品等の形態 冷凍食品の利用度
調理方式	真空調理やクックチルのような特殊調理方式を採用するか
厨房機器	新しい機器の採用要否 特殊機器の採用要否

設計与条件を確定しておくことが好ましい。

　実際の厨房設計の段階では、調理、サービスのスタッフが決定されていないことが多く、この場合、経営者や設計者の推定によって作業が進められると後で問題が発生するので、綿密な計画が重要である。その際、与条件は建築工事の終盤でが決まることが多いので、表4-2に示すような項目を短期でヒアリングし、厨房設計に反映することが求められる。

3 ストックとストックスペース

(1) ストックスペースの考え方

　厨房運営においては、適切なストックスペースを適切な位置に適切な面積で配置することが非常に重要である。十分な食材ストックスペースを設けない場合、衛生管理上の問題が生じる。また、サービス備品の専用スペースが不足すると円滑な作業の妨げになる。ストックスペースが不足する場合、バック通路や非常用エレベータホール等を見ると備品で溢れ返っているが、これでは作業のみならず防災・安全上も問題がある。

　まず、ストックスペースにはどのようなものがあるかについて述べる。

a．搬入した食材の一次保管場所

　検品を終わった食材を保管する場所である。生鮮食料は、リーチイン冷凍冷蔵庫、またはプレハブ冷凍冷蔵庫に保管する。調味料、香辛料、缶詰、瓶詰、乾燥食材は食品庫に保管する。専用の貯米庫を設ける場合もある。ビバレッジ（飲料類）では、冷却する飲料は冷蔵庫へ、冷却する必要のないものは飲料倉庫へと収納する。厨房セクションごとに分けるかどうかで必要となるスペースが異なる。

b．下処理した食材の二次保管場所

　下処理した食材を保管する冷凍冷蔵庫である。ここでは食材は安全で衛生的なものになっている。脂肪や筋を除去しポーションカット（一人前）した肉類、うろこや内臓を除去しポーションカットした魚介類、洗浄しカットされた野菜果物類等を保管する。

c．製品庫

　特に宴会等の場合、調理した製品を保管する保温または保冷の設

備である。

d．食器庫

食器収納の設備で、洗浄後の食器を収納する。最近では、省スペースのため機械式の回転型収納庫が採用されている。

e．サービス備品倉庫

特に宴会用のシルバー類等を収納する。食材の場合、ストックスペースが過小であると、適正量の在庫を抱えることができなくなる。スペース不足から食材を過剰に詰め込むと、冷蔵庫や冷凍庫では適正な温度の保持が難しくなる。一方、ストックスペースが過大な場合には電力等の動力にむだが生じるだけでなく、不良在庫（古い食材等）の増大を招く恐れが大きくなる。特に生鮮食料は低温管理が重要で、図4-1のように、搬入時は一次保管冷凍冷蔵庫に、下処理後は二次保管冷凍冷蔵庫に保管される。二次保管冷凍冷蔵庫から取り出されて加熱調理をする際にも、加熱機器の周辺に冷凍冷蔵庫を設け保管する。室内に放置してはならない。ガステーブルや電磁調理品の下部にドロワーコールドテーブル（引き出し式の台下冷蔵庫）を設ける方法が作業的には最も効率的である。

製品の場合はさらに深刻で、宴会用に皿盛りされたパテ類や海老料理、あるいは卵の入ったカスタードクリーム等のデザートが室温で放置されると、食中毒の原因となる。

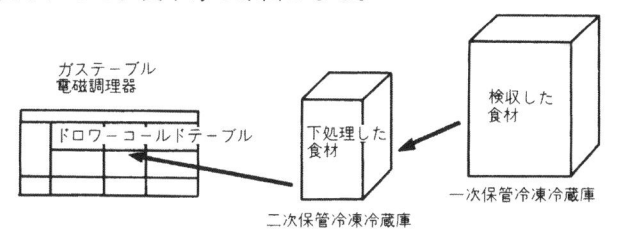

図4-1　一次保管と二次保管

食器や備品については、ストックスペースの不足からサービス廊下等に山積みにされているようなケースが多々見られ、消防査察時に注意を受けることにもなりかねない。

(2) ストックの搬送容器について

ストックされた食材の搬送に使用するものには、ホテルパンによる統一が今後の主流となっていくだろう。このホテルパンを利用することにより、省スペースや作業の効率化を図ることができる。欧米では、ホテルパンを使用した食材の保管管理は一般的で、スチームコンベクション・オーブンやブラストクーラー等の調理機器やカートの寸法もこれに合わせて製作されている。ウオーマーやコールドテーブル等も、すべてについてホテルパン対応にすると運営が

写真4-1　ホテルパン（写真提供：東英商事㈱）

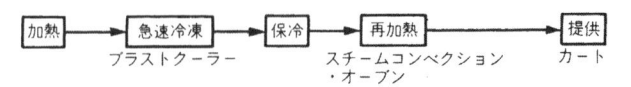

加熱 → 急速冷凍（ブラストクーラー） → 保冷 → 再加熱（スチームコンベクション・オーブン） → 提供（カート）

図4-2　加熱から提供まで

効率的である。図4-2は、ホテルパンによる加熱から提供までを示す。

ホテルパンを使用することにより、下記のような作業において、一度も容器を移し替える必要が生じなくなる。

(3) ストックスペースの算出方法

ストックスペースを具体的に算出するには、経験値ではなく、シミュレーションにより算出することが望ましい。

算出方法のフローを図4-3に示す。この図のように、メニュー、食数等から食材の分量を算出し、用途ごとの必要な保管スペースを算出する。

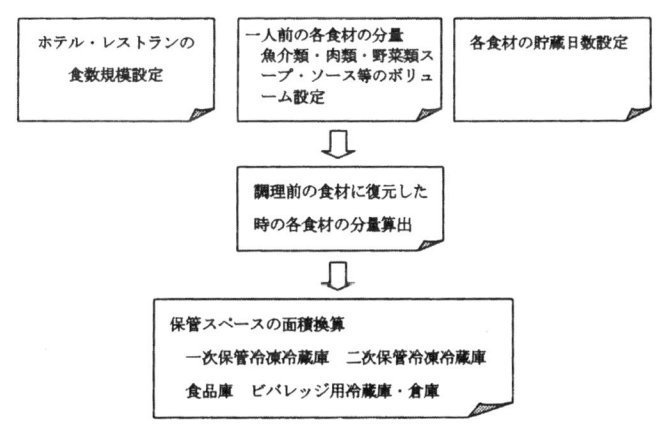

図4-3 ストックスペースの算出フロー

(4) ストックスペースの面積の算出事例

ストックスペースの面積の算出方法として、一つの事例をあげる。

まず、対象とする施設の食数規模と、洋食・和食・中華の比率について想定する。

[条件]
　1日の利用客数1,000人の宴会場の場合において、洋食40%、和食30%、中華30%の利用比率を設定した場合、表4-3より、総食材量を計算すると下記のようになる。

[食材料]
　　洋食　475g　×　400人　＝　190　kg
　　和食　425g　×　300人　＝　127.5kg
　　中華　425g　×　300人　＝　127.5kg
　　　　合計　　　　　　　　　　445　kg

各食材量を計算し、歩留りを換算して下記のように仕入れ量を計算する（食材比率、歩留り比率は表4-4、表4-5参照）。

[仕入れ量]
　　肉・魚介類　　　　　445kg　×　35%　÷　83%　＝　187.7kg
　　野菜類　　　　　　　445kg　×　25%　÷　40%　＝　278.1kg
　　スープ・ソース類　　445kg　×　35%　÷　83%　＝　187.8kg
　　調味料・香辛料　　　445kg　×　5%　÷　100%　＝　22.3kg

これに貯蔵日数（表4-6）を乗じて平均在庫量を計算する。この貯蔵日数は営業形態や立地条件、調理手法により異なる。

[在庫量]
　　肉・魚介類　　　　　187.8kg　×　4日分　＝　　751.2kg
　　野菜類　　　　　　　278.1kg　×　4日分　＝　1,112.4kg
　　スープ・ソース類　　187.8kg　×　7日分　＝　1,314.6kg
　　調味料・香辛料　　　 22.3kg　×　7日分　＝　　156.1kg

表4-3 ジャンル別1人当り総食材量

形態	ジャンル	1人当り総食材量
レストラン	洋食	450g 〜 500g
	和食	400g 〜 450g
	中華	400g 〜 450g
宴会	洋食	400g 〜 450g
	和食	350g 〜 400g
	中華	350g 〜 400g

表4-4 食材比率

食材の種類	1人当り総食材量に占める割合
肉・魚介類	35%
野菜類	25%
スープ・ソース類	35%
調味料・香辛料	5%

表4-5 食材比率

食材の種類	食材の歩留り(平均)
肉・魚介類	83%
野菜類	40%
スープ・ソース類	83%
調味料・香辛料	100%

表4-6 貯蔵日数(平均)

食材の種類	貯蔵日数(平均)
肉・魚介類	4日分
野菜類	4日分
スープ・ソース類	7日分
調味料・香辛料	7日分

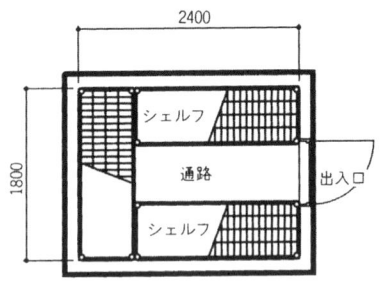

図4-4 加熱から提供まで

次に、食材保管に必要な面積を算出する方法を紹介する。

ストレージ内のシェルフ単体は、幅1,800mm×奥行600mm×高さ1,800mmが標準的な大きさである。これに通路を入れると標準的な保管スペース形状は図4-4のようになる。ストレージ量の大きさに応じ、これをベースに食材保管スペースを決定する。

(5) ストレージの改革提案

ストレージの収納についてのスペース問題が多い要因としては従事者による意識に起因するところが多く、スペースの大小よりも、収納する容器に原因があるものと思われる。これは調理人数の大小にも影響してくる。

この対策には、厨房の一連の流れを考慮する必要がある。ホテルパンで統一を図ることにより、ストレージで使用されているシェルフでの収納性もよく衛生的にも向上する。そのほかに、ソース、スープ等においては真空包装することで、保管する際にも省スペースとなり清潔保管を可能にする。

業者より調達される食材の梱包材での保管は衛生的にも好ましくない上に、汚染や害虫の侵入による危害の恐れがある。このことか

ら、以下のような運用方法によりかなりの改革が可能になる。
　① 食材を調達した際に、施設内での保管は専用容器に移し替える
　② できるかぎり缶、瓶類による食材の調達は避ける
　③ 下処理調理後の食材の保管・運搬はホテルパンを使用する
　④ ソースポット、和バットは極力使用しない
　⑤ 冷凍庫・冷蔵庫の保管においてもできるだけ大小のバリエーションのホテルパンを使用することにより、収納性が向上する

4 厨房ゾーニングとレイアウト

衛生化や合理化を考慮した厨房ゾーニングと、各セクションの厨房機器レイアウトの設計ポイントについて整理した。

(1) 厨房ゾーニング

厨房の各セクションのゾーニングのポイントを述べる。

搬入場所に隣接したスペースに検品室および一次保管スペースの設備を計画する。これにより搬入作業のむだが省け、適時に厨房に移行することが可能になる。

下処理室は、厨房スペースの中で一次保管に最も近い所に設置することが望ましい。それにより作業動線も短くなり、むだな搬送を低減できる。ここを起点とし、ワンウェイの動線になるように厨房ゾーニングを行って、外部からの汚染の防止等衛生向上につなげる。

また、食材の二次保管は厨房の出入口に近い所に確保することにより労力を省ける。

下処理室から食材を移行させる場合の一時的保管は、パススルー冷蔵庫等の設備により区域を分けることで、汚染の危害を避けるようにする。

厨房ゾーニングを策定し、次に厨房レイアウト計画を行う上では、以下のような目標を定める。

① 料理メニューの把握
② 料理作業工程の流れに沿ったレイアウト計画が必要である。特に調理加工に伴う一次加工・二次加工等の調理作業が

配慮された機能整備が重要
③ 食材に伴う搬入（検品）、ストレージ、調理生産、料理提供、サービス、食器（回収・洗浄）、塵芥処理等の機能整備を行う
④ 施設内の作業動線を配慮した厨房計画レイアウトの整備が必要であり、厨房内では工学的な視点での動線計画が不可欠である。これが調理生産向上を左右することの要因になるので、機器レイアウトがポイントになる
⑤ 作業空間環境の整備
⑥ 衛生管理がしやすい厨房計画レイアウト

上記の目標による具体的なレイアウト作成のポイントについて、次に述べる。

食材調理の加工工程における流れをスムーズに運ばせるには以下

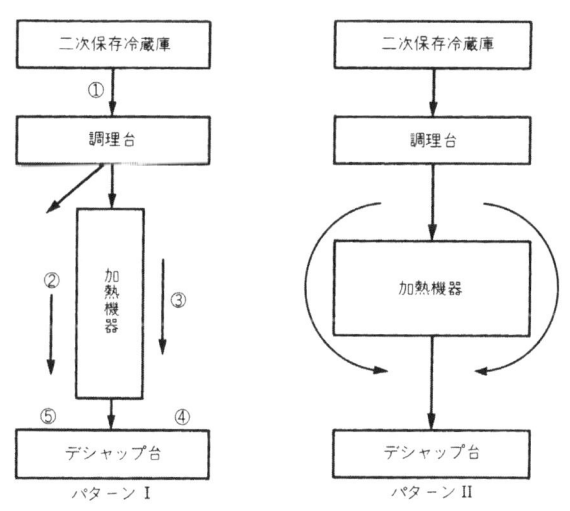

図4-5（a） 厨房レイアウト基本パターン

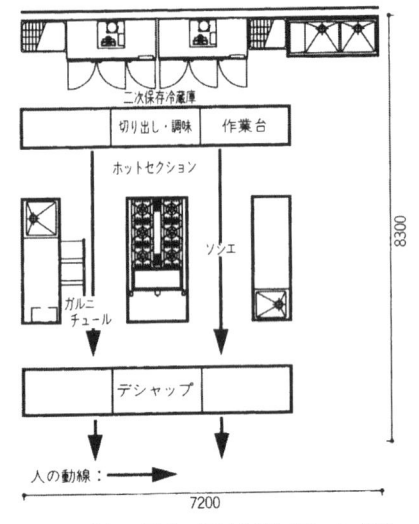

図4-5（b） 厨房レイアウト基本パターン（Ⅰ）

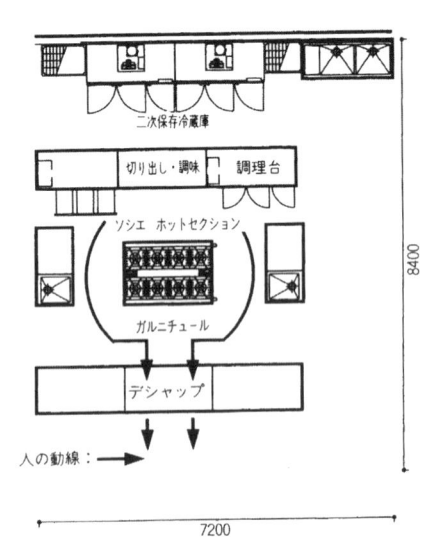

図4-5（c） 厨房レイアウト基本パターン（Ⅱ）

のようなパターンがある。

二次保存冷蔵庫、調理台、加熱機器、デシャップの配置関係については加熱機器のアイランドがデシャップに対して垂直になる形と水平になる形がある（図4-5 (a)）。図4-5 (b)、(c)の2つのパターンで比べると、パターンⅠのほうが動きがスムーズになる。また、鍋類や調味料等のラックを調理師の背後に設置した場合に手を伸ばしやすい。パターンⅠで、利き手の関係から多くの場合③が上位の調理師となるので、③の調理師の背後のラックには調味料や小型の鍋を置き、②の調理師の背後のラックには中・大型の鍋類を置くことになる。

次に、加熱機器の設置場所はできるだけ集中させることにより、フードの設置面積が減少し、排気量を抑えることで空調のランニングコストも下がる。

通路は1,200、1,500、1,800mmのいずれかの幅となるが、全体面積の許すかぎり広くとる。特に加熱機器の前では、輻射熱を考えて幅を広くする。

（2）食材の搬入と検品

外部から食材を搬入し、品質や数量を検品し、荷捌きをする。面積に問題がなければ、独立した検収スペースと、伝票処理のための検収事務室があることが望ましい。検収スペースで梱包用のダンボールや、発泡スチロール、木箱等は外し、専用の容器に移し替えて、一次保管用冷凍庫、冷蔵庫、食品庫等に区分けする。食数の多い場合には、貯米庫を別に設ける。

ビバレッジのドリンク類や、厨房の備品・消耗品等の搬入も同じ経路を使用し、一次保管用の冷凍・冷蔵庫や食品庫に隣接して、ド

リンク用冷蔵庫、ドリンク用倉庫、備品消耗品倉庫を設けることが望ましい。

食材等を他のフロアの厨房に運搬する必要がある場合には、搬送用のエレベータをこの区域に設置することが望ましいが、エレベータの位置は、建築計画の初期の段階に決定していることが多く、実際には難しい。搬入口は、総じて最も汚染される可能性のある場所なので、厨房の入口に設置することにより、搬入経路を最短にし、厨房内部に外部の人間が立ち入らないようにする。これにより害虫等の侵入も防ぐことができる。下処理室は検品専用室にできるだけ隣接して設置する。

検品室の標準化したレイアウトは図4-6のようになる。

表4-7 検品エリアで必要な機器

シンク
計量器，温度計
一次保管用冷凍冷蔵庫
シェルフ
作業台

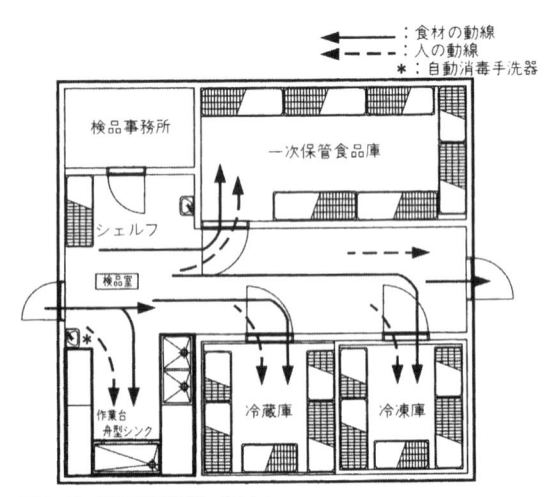

図4-6 検品室の標準レイアウト

（3）下処理

　生鮮品について下処理を行う場所では、肉類、魚介類、野菜・果物類について区分するのが最も衛生的である。

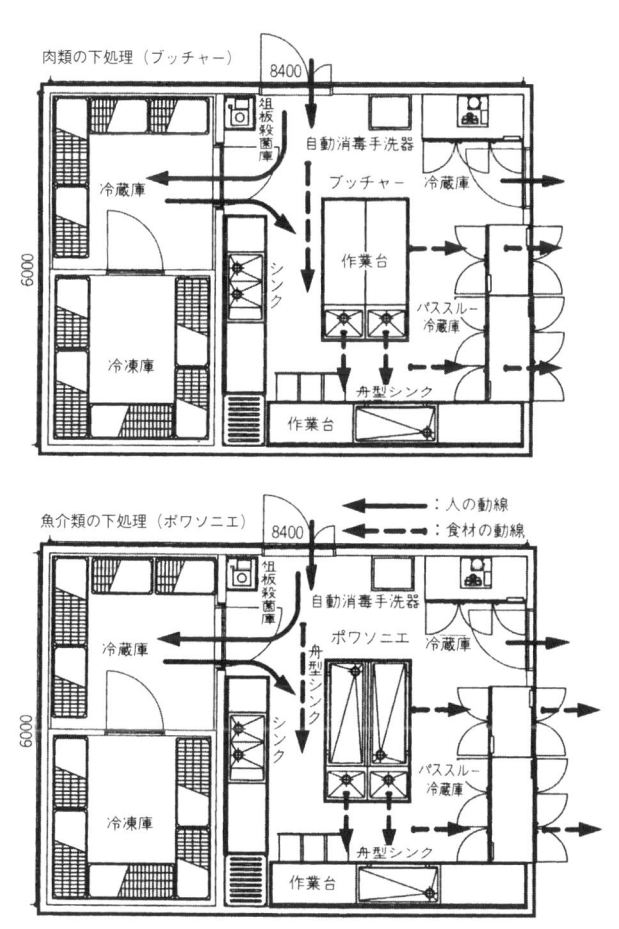

図4-7　下処理スペースの標準レイアウト

a．肉類の下処理（ブッチャー）

検品を終了し一次保管冷凍・冷蔵庫より運ばれた肉類を下処理するのが調理作業となるが、内容は各セクションに使用するための下準備になる。

● 料理の用途に従って精肉として不要な部分になる筋や脂を取り除き、整形し提供する

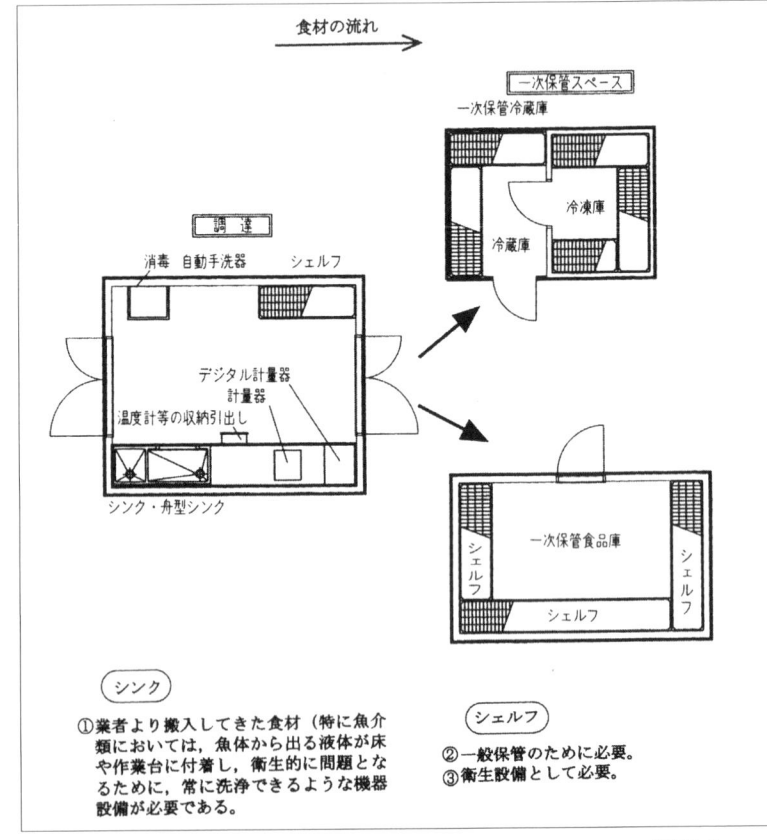

食材の流れ →

【一次保管スペース】
一次保管冷蔵庫
冷凍庫
冷蔵庫

【調　達】
消毒　自動手洗器　シェルフ
デジタル計量器
計量器
温度計等の収納引出し
シンク・舟型シンク

一次保管食品庫
シェルフ
シェルフ
シェルフ

(シンク)
①業者より搬入してきた食材（特に魚介類においては、魚体から出る液体が床や作業台に付着し、衛生的に問題となるために、常に洗浄できるような機器設備が必要である。

(シェルフ)
②一般保管のために必要。
③衛生設備として必要。

図4-8　調達から

- 若鶏のような鳥類を分割使用するためにカットし、余分な骨や脂、筋を取り除き整形して提供する
- 精肉をミンチにしたり、ローストビーフのような場合は糸で縛り形を整える

　設備の規模により下処理を要する食材の量が異なるが、冷凍冷蔵スペースや調理台の延べ面積は食材の量と密接に関係する。

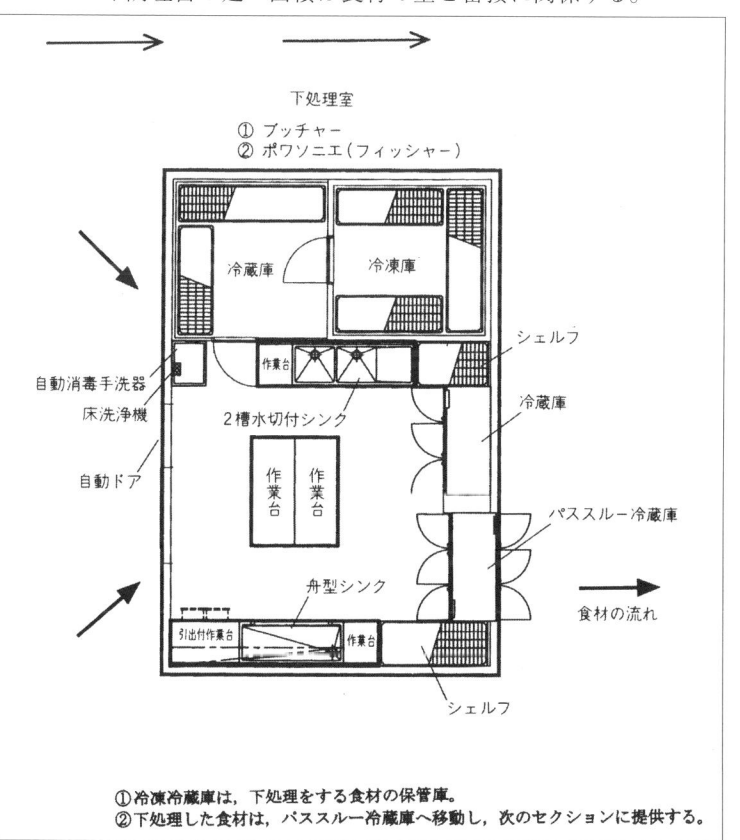

```
下処理室
① ブッチャー
② ポワソニエ（フィッシャー）
```

- 冷蔵庫
- 冷凍庫
- シェルフ
- 自動消毒手洗器
- 床洗浄機
- 自動ドア
- 作業台
- 2槽水切付シンク
- 冷蔵庫
- 作業台
- パススルー冷蔵庫
- 舟型シンク
- 引出付作業台
- 作業台
- 食材の流れ
- シェルフ

①冷凍冷蔵庫は，下処理をする食材の保管庫。
②下処理した食材は，パススルー冷蔵庫へ移動し，次のセクションに提供する。

下処理までの全体の流れ

b．魚介類の下処理（ポワソニエ・フィッシャー）

検品を終了し一次保管冷凍・冷蔵庫に保管された魚介類を下処理し、各セクションで使用するための下準備をする。

表4-8　下処理スペースで必要な機器

リーチイン冷凍冷蔵庫
プレハブ冷凍冷蔵庫
シンク
舟型シンク
調理台
まな板殺菌庫
シェルフ
脱臭装置

- ●塩水等で洗浄する
- ●貝類については殻から外すが、特に生で食す貝類については、衛生面に注意する必要がある
- ●魚類のうろこ、えら、内臓類を取り除く。料理の種類により、姿を残したり3枚におろしたり、筒切りにしたりする
- ●魚介類のマリネ等はここで行う場合もある

c．野菜・果物の下処理

検品を終了し、一次保管冷蔵庫に保管された野菜や果物を下処理し、各セクションで使用するための下準備をする。

- ●野菜の皮をむき、不要な部分を捨てる
- ●付け合せ等に使用する場合は使用する形にそろえる
- ●サラダ用生野菜や果物について生で食する場合には衛生面に注意する必要がある。保管の温度にも注意が必要である

下処理スペースの標準的なレイアウトを図4-7に示す。また、調達から下処理までの全体の流れを図4-8に示す。

（4）コールドセクション

このセクションでの主な仕事内容は、温製オードブル用の半製品の製造と、冷製オードブルの完成品の製造である。冷製オードブル

4. 厨房設計の実際　111

表4-9　コールドセクションに必要な機器

リーチイン冷凍冷蔵庫
プレハブ冷凍冷蔵庫
シンク
作業台
加熱機器
ブラストクーラー（調理法により）
まな板殺菌庫

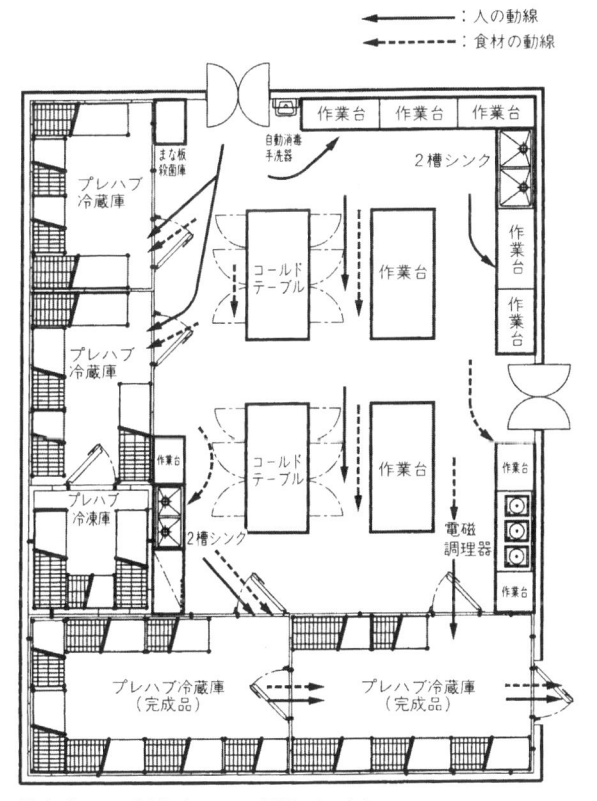

図4-9　コールドセクションの標準レイアウト

は生鮮品をゼロあるいは少しの加熱で食することになるので、衛生管理と温度管理が特に重要である。食中毒等の事故は、パテ類等の練り物の室温での放置に起因することが多い。

オードブルの半製品の製造メニューとしては、以下のようなものがあげられる。

① サーモンマリネ、鳥獣・肉類の冷製等のカットや、ゼリー寄せ蟹・海老の冷製料理等を仕込む
② 魚介のテリーヌ、鳥獣のテリーヌ、フォアグラのテリーヌ
③ 各種サラダと、それに使用する食材を下処理し各セクションに提供する
④ 冷製オードブルのショーフロア（飾付け）等で宴会に提供される大型銀皿等に盛付けを行う

(5) スープ・ソースセクション

このセクションは、スープやソース類を半製品あるいは完成品の形で提供するための場所である。

● スープ・ソースの調理の際に加える香味野菜（ミルポワ）や、ガラや骨を炒める

表4-10 スープ・ソースセクションに必要な機器

スープケトル
ティルティングパン
回転釜（調理法による）
スチームコンベクション・オーブン
加熱機器（ガスレンジ・電磁調理器）
リーチイン冷凍冷蔵庫
作業台
包丁まな板殺菌庫
シェルフ

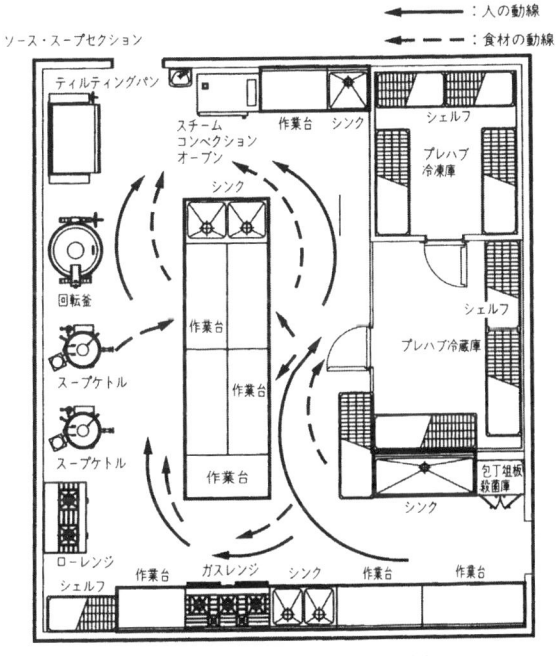

図4-10 スープ・ソースセクションの標準レイアウト

- 小麦粉、卵、バター等でつくるルーやブールマニエをつくる
- フォンドヴォーやデミグラスソース、トマトソース等の基本となるソースをつくる。派生するソースについてもここでつくる場合がある
- スープもこのセクションで完成させる場合がある

効率をよくするために大量に調理する必要があるので、ティルティングパンやスープケトル等の大型の加熱機器を使用する作業が中心となる。

スープやソースの種類が多様化するほど、必要とされる厨房機器

も増加していくが、合理的なメニューづくりによりソースの数をある程度絞り込むことも必要である。

(6) ホットセクション

下処理した食材の加熱調理を行うセクションである。宴会場のある場合には、宴会料理の加熱調理が中心となる。

各レストランへの提供は、それぞれの厨房で加熱調理を行う場合と、ホットセクションで加熱調理を行ったものを各レストラン厨房

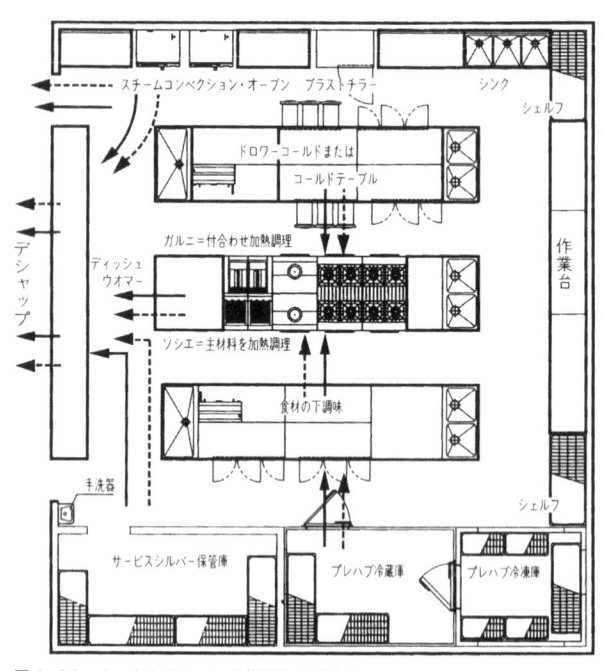

図4-11 ホットセクションの標準レイアウト

表4-11 ホットセクションで必要な機器

スチームコンベクション・オーブン
加熱機器（ガスコンロ・電磁調理器）
フライヤー
グリドル
サラマンドル
コールドテーブル
リーチイン冷凍冷蔵庫
作業台
包丁まな板殺菌庫
シンク
シェルフ

で再加熱する場合とに分かれる。

　加熱調理では料理方法により、ガスコンロのほかにオーブン、グリドル、フライヤー、サラマンドル等の機器を使用するが、近年ではスチームコンベクション・オーブンや電子レンジ等の機器を積極的に使いこなすようになってきている。

（7）デシャップ

　図4-12は宴会の進行状況に合わせて大量に提供するためのデシャップのパターンである。図中の①から②までのデシャップの各パターンの評価は下記のとおりである。

　①パターンの場合は、加熱調理を行うガスコンロとデシャップがT字に配置されており、作業動線上スムーズな動きで調理を行うことができる。

　②パターンの場合は、ガスコンロの配置に対してデシャップが長くとってある。これにより、宴会場の収容人員の多少にかかわらず同時間帯に複数の料理の提供を必要とした際に、調理作業をスムーズに行うことができる。

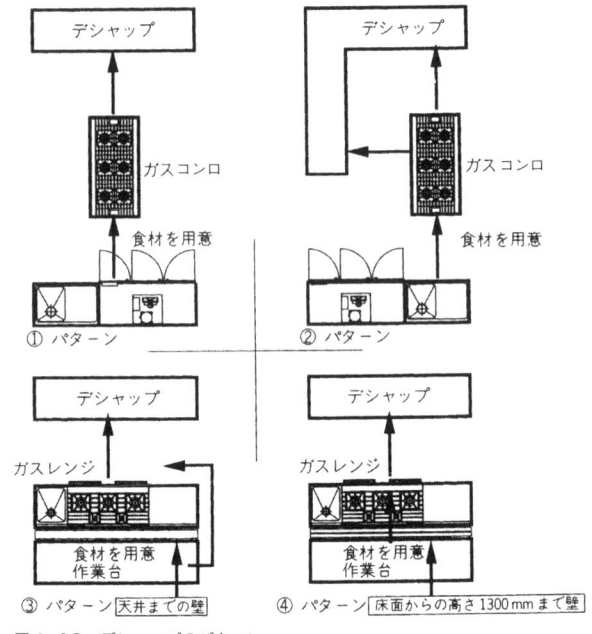

図4-12　デシャップのパターン

　③パターンの場合は、小規模レストランやサテライト厨房において調理作業も壁により区分されており、仕込みや下準備を行うのに適している。加熱調理に際しては、食材の供給をスムーズに行うことができない。ガスコンロとデシャップの周辺から乱雑になり、料理の提供に支障をきたす。

　④パターンの場合は、③と同様であるが、区分する壁が目の高さ以下になっていることで作業はしやすい。食材の供給や料理の提供もスムーズに行える。

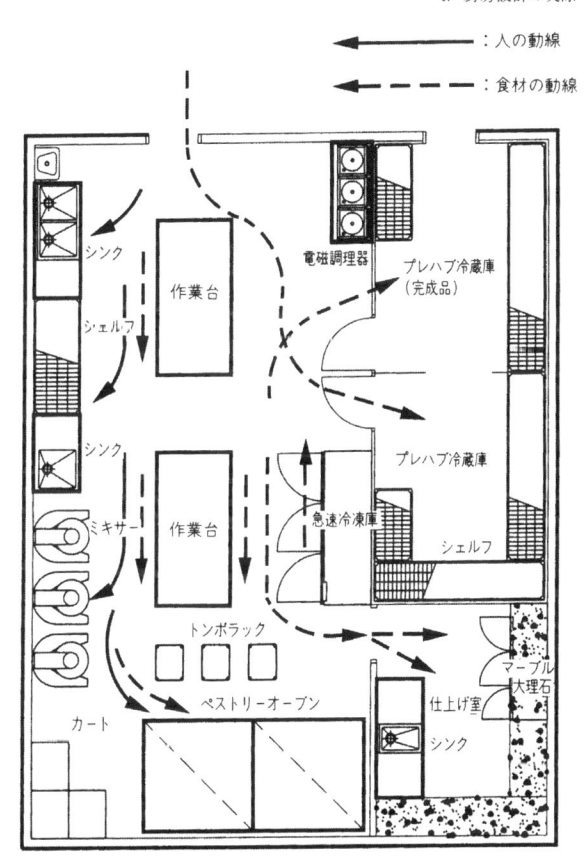

図4-13 パティシエの標準レイアウト

(8) パティシエ、ベーカー

a. パティシエ

デザート等を製造するセクションである。デザート等の品質向上と衛生管理には特に注意が必要になる。細心の注意を払っても製造品に雑菌が付着し増殖する恐れがあり、また、お菓子に多く使用さ

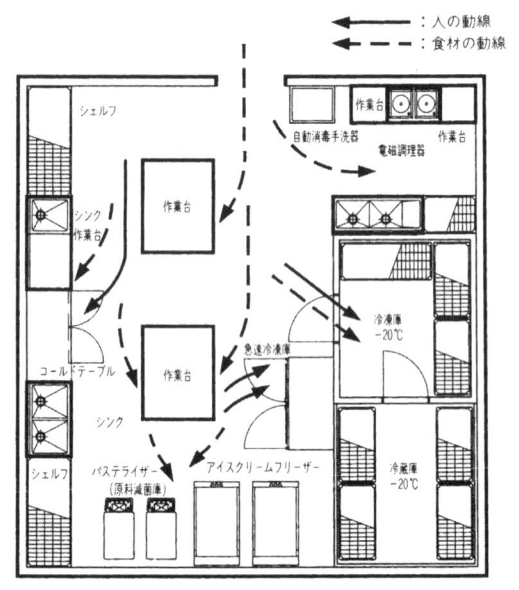

図4-14 アイスクリーム室のパターン

れる鶏卵にブドウ状球菌等が混入している場合がある。このような
ときは加熱調理を適正に行う必要があり、冷製商品が多いので製造
室の温度管理は十分な設備を行わなければならない。

　氷菓、アイスクリームの製造は別の隔離された専用室を設け、衛
生管理が行き届いた状態のもとでの製造を必要とする。

b．アイスクリーム室

　自家製アイスクリームを製造する場合は、衛生管理を厳重に注意
しなくてはならず、温度管理と従事者の衛生観念が重要になる。食
品の衛生管理および機器の消毒等も重視することが必要である。

c．ベーカー

　パン等を製造するセクションで、実際に製造するパンの種類を計

画・設計の段階でしっかりと決めておかないと厨房設備に無理が生じ、製造に支障をきたす原因になる。また、多種多様のパンの製造をする設備を整えようとすると、過大な設備投資になるので綿密な計画が必要になる。

図4-15は一般的なベーカーの厨房設備の配置図である。

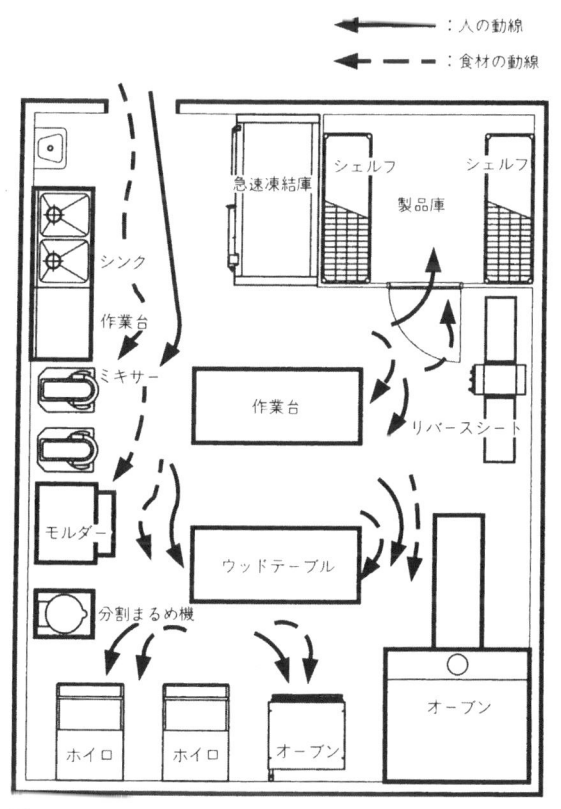

図4-15　ベーカーの標準レイアウト

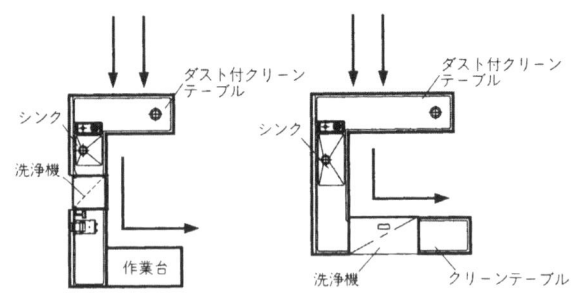

図4-16 レストランの洗浄パターン

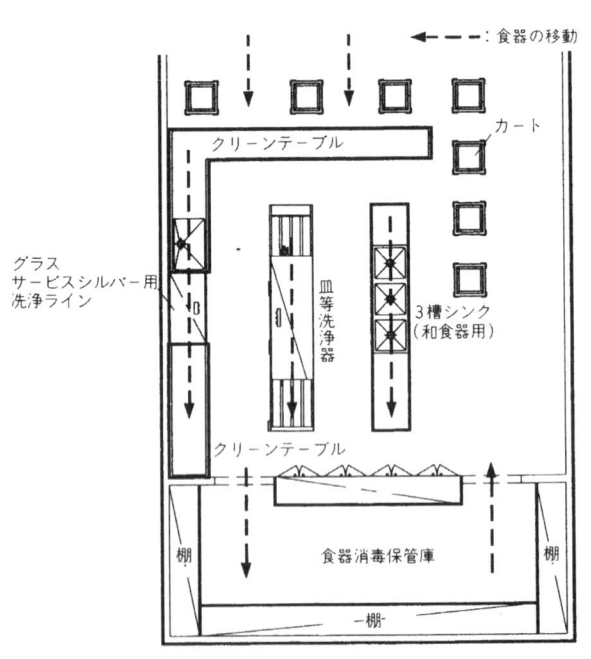

図4-17 宴会場等の大型施設の洗浄コーナー：Aパターン
比較的洋食系の料理を多く提供する場合は、食器等の種類が少なくソイルドテーブルの寸法が短くてすむ。下膳や洗浄作業の省人化を図る動線となっている。

4. 厨房設計の実際　　121

写真4-2　洗浄コーナーの例

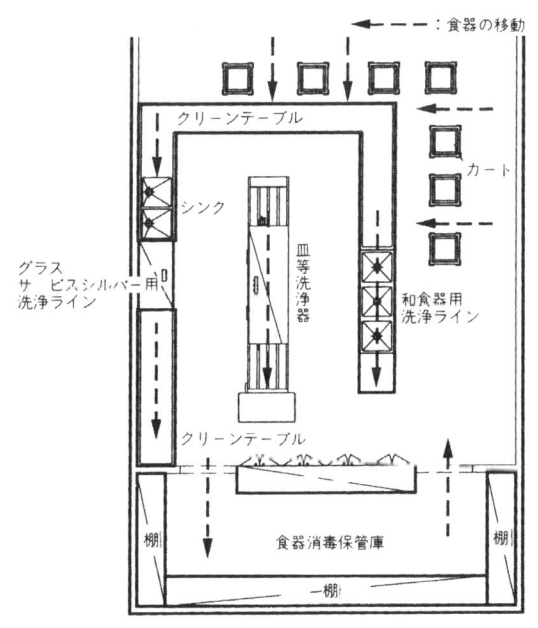

図4-18　宴会場等の大型施設の洗浄コーナー：Bパターン

宴会で和食の料理が多い場合は、食器の種類が多いので下膳用のソイルドテーブルの寸法を長くとる必要がある。また漆器類用のラインも必要となる。

(9) 洗浄

計画の際には右から左のほうに流れるように洗浄コーナーを確保することにより、スムーズな作業となる。120ページの**図4-16**において、左側のパターンは下膳に対して比較的機器配列の距離が確保できる場合で、右側の場合は距離が確保できない場合である。

(10) 中華厨房

中華料理は大きく分類すると、北京料理、四川料理、上海料理、広東料理になる。その料理を実際にする中華厨房は、加熱料理がメインになってくる。その加熱源となる中華レンジは強火が要求され、コークスに近い加熱を熟練の調理師（火工＝フオゴン）は必要とする。その上、多種の調味料を使用するので、それを置くスペースと、その食材の準備を行う刀工（ダオゴン＝切り物の係）も重要

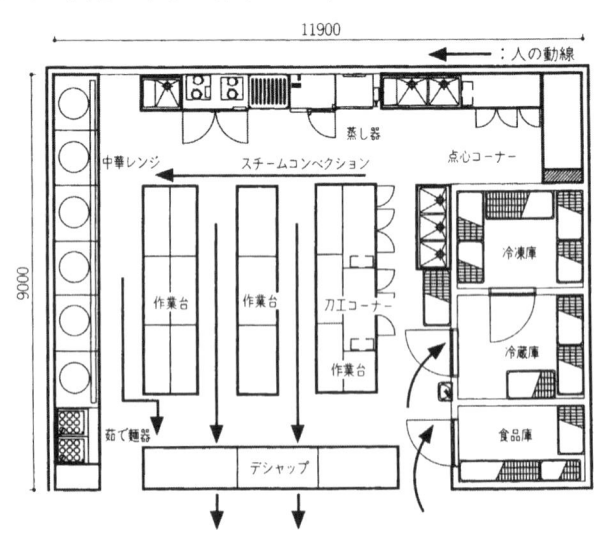

図4-19　中華厨房の例

な作業が多く、面積のある調理台が必要になる。

ホテルの中華レストランとして営業する場合、前菜、点心の提供を行うことも考慮すると、厨房面積もかなり大きくなる。

食材のストックヤードとしては、冷凍庫、冷蔵庫、専用食品庫の設備となるが、特殊な食材を使用するので、同規模の洋食レストランより大きな厨房面積が必要になる。

(11) 和食厨房

和食は、料理としては刺身、煮物、揚げ物、焼き物に分けられ、刺身以外は加熱料理になるので、ガスコンロ、もしくは電磁調理器を使用することになる。

和食厨房のゾーニングとしては、刺身等の生ものを扱うスペースと、加熱調理を行うスペース、盛付け作業を行うスペースが必要で

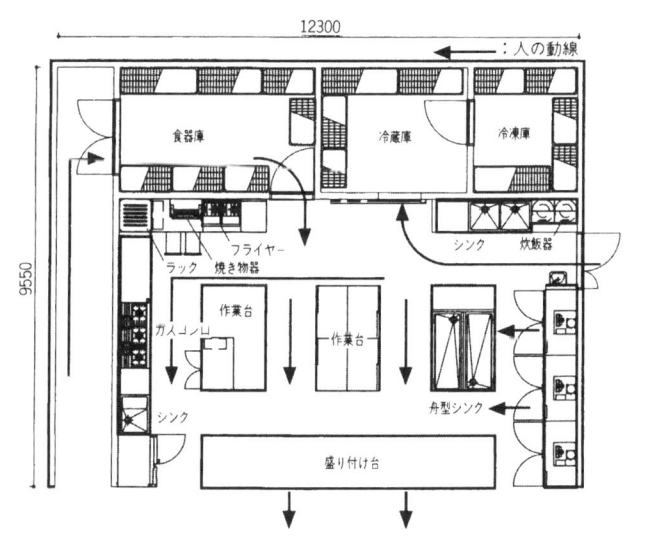

図4-20 和食厨房の例

ある。最近のホテルの営業形態は、和食レストランを営業しながら宴会の料理を提供することが多いので、このときの厨房計画は営業時間帯のことも考慮した厨房機器配置と設備が必要になる。

ストックヤードとしては、冷凍庫、冷蔵庫、食品庫があげられる。この中で冷蔵庫に関していうと、和食は鮮魚が多く鮮度を保つためにも恒湿冷蔵庫が望ましい。このほかに和食器を多く使用するので、厨房計画の際に十分な食器庫を確保する必要がある。

5 厨房器具の選定

(1) 厨房器具の種類

厨房で使用される主な調理器具には、**表4-12**のようなものがある。これらの中からメニューや調理システム、投資金額等を考慮して厨房器具を選択する。

(2) 厨房器具選定の留意点

最近の特徴としては、輸入品の増加に伴い厨房器具の選定の範囲が広がってきている。また、日本の厨房メーカーがOEMで外国製品を販売している例も多い。選定の際に**表4-13**のポイントをチェックする必要がある。

加熱機器の選定基準についてさらに詳しく述べる。厨房設備のエネルギー総量を考慮しながら機器の選定をし、省エネルギー厨房を目指すことが重要である。ガス加熱機器、電気加熱機器に分けて記述する。

a．ガス加熱機器製品

ガス加熱機器のチェック項目を以下に示す。

- ●ガス遮断装置付きメーターの導入
- ●立ち消え安全装置付き機器の導入
- ●耐震固定脚の設置（大型機器の場合）
- ●異常加熱防止装置付き機器の導入
- ●耐震性を考慮に入れたガスパイプの接続（ガス会社の規定するフレキシブルパイプを採用する場合もある）

主なガス加熱機器には、以下のものがある。

コンロ、フライヤー、グリドル、中華レンジ、茹麺機、湯沸かし

表4-12 厨房器具リスト

冷凍・冷蔵機器	プレハブ冷蔵庫／冷凍庫 リーチイン冷蔵庫／冷凍庫／氷温庫 コールドテーブル型冷蔵庫／冷凍庫／氷温庫 ドロワーコールド冷蔵庫／冷凍庫 コールドショーケース 製氷機 ブラストチラー 冷水チラー ビバレッジクーラー アイスクリームストッカー 活魚水槽
加熱調理器	ガスコンロ（オーブン） オーブントップ フランスレンジ（オーブン） フィントップレンジ クローズトップ スプレッダープレート ワークテーブル 中華レンジ スープレンジ サラマンダー ガス炊飯器 電気炊飯器 電磁調理器
大型加熱調理器	スチームコンベクション・オーブン コンベクション・オーブン コンベア・オーブン
カート	保温カート 保冷カート
加工機器	ミキサー ブレンダー フードプロセッサー ミートチョッパー スライサー パスタマシン パイローラー

表4-13 厨房器具選定のチェックリスト

機能性	料理の出来上がりはどうか 　外観 　保湿性 　食感 同じ出来上がりの状態をコンスタントに再現できるかどうか 調理の所要時間はどうか
操作性	使い勝手がよいか メモリー機能等があるかどうか
耐久性	部品の耐久性 機器本体の耐久性
安全性	PL法等安全基準に合致した安全対策がとられているかどうか
デザイン性	形状や色彩に違和感がないか
ガス・電気の消費量	ランニングコスト
清掃の容易さ	分解掃除ができるかどうか 機器の形状や板金接合部分等にごみや埃が溜まりやすい場所はないか
メンテナンス	故障時のメンテナンス対応 　修理受付時間 　修理の体制 　遅延なく修理が受けられるか 　交換部品の配備 　価格

器、ピザオーブン、サラマンダー、ティルティングパン、スチームコンベクション・オーブン、炊飯器、ブロイラー、回転釜、洗浄機等である。

　このうちガスコンロは、後述するように電磁調理器に比べ熱効率が低い。最近は、「内部炎口型バーナー」等、熱効率の向上したガスコンロが開発されており、ガスコンロを採用する場合は、バー

ナーの熱効率に留意する必要がある。

さらに「涼厨®（すずちゅう）」システムと呼ばれる省エネルギーで、かつ厨房環境を改善する機器も増加している。

厨房機器から発生する「輻射熱」と「燃焼排気」は、調理中の厨房内の温度を上昇させたり、空調エネルギーを増大させたりする要因となっている。「涼厨」は、「燃焼排気」をフードの近くへ集中排気するため、「燃焼排気」が効率よくフードで捕集され、燃焼排気の熱が室内に拡散するのを防ぐ効果がある。また、機器の表面に空気断熱層を設けることで、機器の表面温度を低減させることで輻射熱による厨房内の温度上昇を抑えたり、空調エネルギーを低減したりすることができる。このように、適切な空調システムを導入すると同時に、適切な厨房機器を選定することで空調エネルギーを抑えて快適な厨房空間を作り出すことができる。厨房機器と組み合わせて省エネルギーや排熱拡散を抑える器具も検討されている。ガス機器の排気口部近くで排気するといった、効率的に排気を捕集し、室内混流への影響の少ない空調換気システムと一体化したシステム開発等も進められている。図4-21に「涼厨」機器ガスフライヤーの事例を示す（注：涼厨®は大阪瓦斯(株)の登録商標）。

b．電気加熱機器

電気加熱機器を導入する際、現状ではガス機器に比較して高価になるとともに、消費電力の総量が大きくなり設備等で新たに変圧器を増設する必要が生じる。適正電力消費量の機器の開発が望まれるが、開発メーカーとしては消費電力10kW未満の機器については電気取扱法の認可申請の際に機器検査が義務づけられており、機器検査の必要のない10kW以上の消費電力に設定する傾向がある。不用意に電気加熱機器を導入すると大量に電力を消費する厨房になって

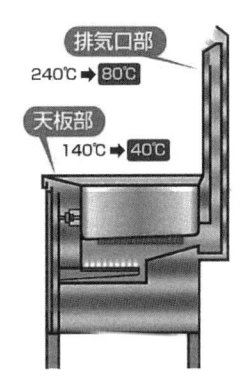

図4-21 「涼厨®」機器の事例（ガスフライヤー／資料：大阪瓦斯(株)）

しまう。

電気加熱機器には、シーズヒーター（電熱線式）と、IH（Induction Heater）誘導電磁加熱方式とがある。

シーズヒーター発熱体を使用した器具は以下のものがある。レンジ、スチームコンベクション・オーブン、ティルティングパン、フライヤー、洗浄機用ブースタースチーマー、グリドル、中華レンジ、コンベアオーブンウオーマー、電気湯沸かし器（給茶用）等である。

シーズヒーター発熱体の特徴としては以下があげられる。

  長所——IH誘導電磁加熱方式と比べて価格が安い（ただしガス加熱よりも高価である）。取扱いが楽である。

  短所——熱効率が悪い、発熱するまで時間がかかる（立ち上がりが悪いため、常時ON状態にされている事例があり、エネルギーや室内環境への影響大）、レンジの場合、フライパンや鍋等に全体的に火が行き届かない。ガスコンロに比べて寿命が短い。

シーズヒーターのレンジは、短所の問題が大きく、最近はほとんど採用されない傾向にある。

一方、IH誘導電磁加熱の機器としては電磁調理器がある。一般の電磁調理器は最近急速に普及している。一般の電磁調理器以外の主なものを示す。

- ●電磁中華レンジ：ガス中華レンジの機能性には劣る。高価である。しかし厨房環境の改善は図ることができる。
- ●電磁グリドル：コイル径の範囲しか加熱できないが、厨房環境の改善を図ることができる。
- ●電磁フライヤー：ガスフライヤーの機能性と変わらない。高価である。ガスフライヤーと同じ問題として、鍋・油等の輻射熱や、油煙等の対策が必要である。

電磁加熱調理器を導入する際には、電波取締法の規定に注意し、特にコンピュータの設備が近くにある場合に電磁波障害を起こさないよう注意しなければならない。また、大容量のものは、人体への影響についても安全性は確認されたわけではないので、今後継続的に研究を要すると考えられる。

6 省エネルギー計画

　厨房運営における省エネルギーは、2章にて述べたとおり、経営上重要なことである。ここでは、実際に省エネルギーを実現するための計画上のポイントをあげる。

(1) 省エネルギー計画のポイント

　厨房の省エネルギーにおいて、換気や空調といった計画上の配慮に加えて、厨房機器側の改善も重要である。機器表面からの輻射熱を低減し、集中排気による排熱を行う機器類が開発されている。**表4-14**に厨房の省エネルギーチェックリストをまとめた。

　設計者は、エネルギー・シミュレーション等を通じ、それぞれの厨房に適した省エネルギー計画を行わなくてはならない。そして、これらの省エネ手法を導入するとともに、実際に運用段階において得られるエネルギー・データについて経営者と調理者が一体となり、作業環境を確保しつつ省エネルギーを図ることが重要である。

(2) 厨房熱源のベストミックス

　厨房器具の選定においては、調理師の過去の経験のみではなく、省エネルギー性にも配慮して行われるべきである。

　後述する電化厨房機器は、近年開発が積極的に行われ、省力化や高機能化が著しい。ガスコンロに比べ、電磁調理器（IHコンロ）は効率が高いといわれるが、ランニングコストでは必ずしも電気が有利というわけではない。

　ここで簡単な試算をしてみる。コンロにより1時間に10kWの加熱をするのにかかるエネルギーコストを試算すると、**表4-15**のと

表4-14　厨房省エネルギーチェックリスト

厨房機器	1．厨房機器の熱源は電気・ガス・蒸気より適正に選定されているか？ 2．各器具の容量は過大ではないか？（メニューと容量の適合） 3．各器具の容量コントロールは可能か？ 4．厨房器具の立上げに時間を要するものはないか？（立上げ時間が長いと、器具が消されないことがある） 5．加熱機器と冷却機器と隣接していないか？ 6．冷蔵庫のコンデンシング・ユニットや、屋外ユニットの位置は適切か？（冷蔵庫のコンデンシング・ユニットの排熱は大きいため、設置場所について留意する必要がある）
空調換気	1．換気量は過大ではないか（法定換気量や、フード面速） 2．空調・換気量の調整は可能か？ 3．用途ごとに温度設定や、ON/OFF が可能か？ 4．吹出口、吸込口の位置は適切か？ 5．グリスフィルターの清掃は行いやすいか？（定期的に清掃しないとファンの静圧が大きくなる）
給水給湯	1．水圧は適切か？ 2．手洗いなどは自動水栓が設置されているか？ 3．節水コマの設置をしたか？ 4．給湯温度は適正か？
照明	1．用途エリアごとに ON/OFF が可能か？
運用システム	1．エネルギーの使用量や室内環境を評価できるシステムを導入しているか？ 2．各厨房ごとに電力量、ガス量、給水量を設置し、むだづかいを防止できるようにしているか？

おりにガスコンロのほうが安価となる。ただし、この試算はガス機器の熱効率が電磁調理器の半分としたものである。他の厨房機器類（スチームコンベクション・オーブン、フライヤー等）については、ガスと電気で熱効率は同等であり、これらについては、ガス厨房器具のランニングコストは電気の器具に比べ23～25％削減できることになる。ガスコンロは、燃焼排熱や輻射熱の影響により空調エ

表4-15 電気とガスのランニングコスト試算

	電気方式（電磁調理器）	ガス方式（ガスコンロ）
調理に使用される エネルギー	10kW	
機器効率	0.83	0.45
機器に投入される エネルギー	12.0kW	22.2kW
消費される電力・ ガス量	約12kWh	約1.78Nm³/h
1月当り エネルギーコスト	基本料金：12.0 × 1,638 　　　　　　　＝ 19,656 円 従量料金：夏期：12.0 × 150 × 16.36 　　　　　　　＝ 29,448 円 　　　　その他期：12.0 × 150 × 15.26 　　　　　　　＝ 27,468 円 合　　計：夏期：49,104 円/月 　　　　その他時期：47,124 円/月	基本料金：1,774.5 円 従量料金：1.78 × 150 × 129.03 　　　　　　　＝ 34,451 円 合　　計：36,225 円/月
エネルギーコスト 比率	100（基準）	75（夏期） 77（その他期）

計算条件　1）月間の使用時間を5時間 × 30日 = 150時間とする
　　　　　2）電力料金は、基本料金1,638円、従量料金は夏期16.36円/kWh
　　　　　　その他期15.26円/kWhとした
　　　　　3）ガスは都市ガス13A(10,750kcal/Nm³)で一般契約とし、基本料金は1,774.5
　　　　　　円/月で従量料金は129.03円/Nm³とした

ネルギーの消費を増大させる。一方、ガス機器にも調理性や低コストといったよさもあり、熱効率や換気効率を高める努力を行うことが、機器そのものの消費エネルギーを低減させるだけでなく、空調におけるランニングコストを低下させることにもつながる。

　この例のように、イメージや好みだけでなく、機能とランニングコスト（空調のコストも含め）を十分検討して厨房器具の熱源を選定する必要がある。

また、電気・ガス以外にも大規模施設において蒸気がある場合、排熱が少ないといった点でスープケトルや洗浄機等は蒸気が有利である。

以上のように先入観にとらわれず、総合的に電気・ガス・蒸気のベストミックス（図4-22参照）を図ることが重要である。

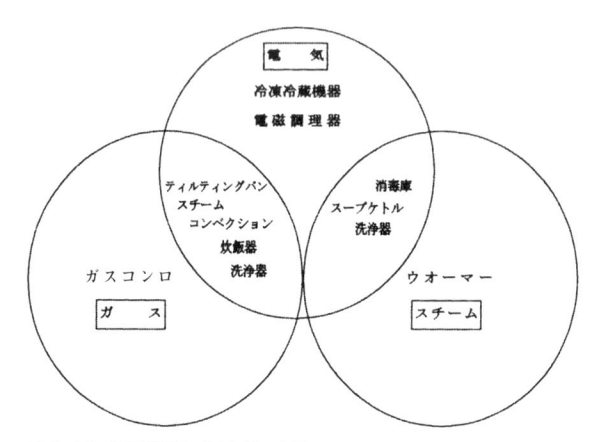

図4-22 厨房熱源のベストミックス

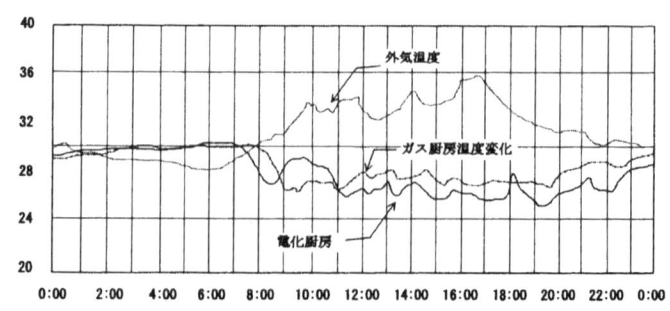

図4-23 電化厨房とガス厨房の温度変化実測例

某ホテルの8月の一日の温度変化。ガス厨房と電化厨房では、常に電化厨房のほうが1～2℃低くなっている。

（3）電化厨房

　全電化厨房がここ数年定着してきている。当初の全電化厨房にはシーズヒーター（電熱線ヒーター式レンジ）等室内環境に悪影響を及ぼしたり、調理性能の劣る機器があったり、全電化にこだわるあまり契約電力が膨大となったりして評価を下げたこともあった。

　高性能機器の開発により最近は、ファストフードやホテルにおいても電化厨房の導入の流れが加速している、

　電化厨房はガス機器と比較し、規制が少ないことによるプログラム化が可能であり、熟練者ではなくても高度な調理ができる機器が開発されている。熟練者の人数を抑制できる電化厨房は、人件費の圧縮の観点からも今後採用が増えると思われる。

　電化厨房の利点をまとめると下記のとおりになる。
　① 電化厨房はコンパクトに納まるため、ガスの厨房に比べて厨房面積を減少させることが可能である。都市部の地価の高騰している地域では客席の増加が可能である
　② 電磁調理器は排熱が少なく、厨房の温度管理が大変容易になる。図4-23に某ホテルにおけるガス厨房エリアと電化厨房エリアの温度変化の事例を示す。この事例では、同じ空調系統であるにもかかわらず、ガス空調エリアは電化厨房エリアよりも1～2℃室温が高くなっている。また、電磁調理器については油煙等が少なくなるので、大がかりなダクト施設が不要になり、厨房内の環境をクリーンに保ちやすく清掃も簡単になる
　③ 安全管理が容易になる。電磁調理器については従業員の火傷等のけがも減少する
　一方、電化厨房にも以下のような課題はある。

a．調理性能の問題

調理師はガス機器で技術を習得しているため直火に対する価値観が強いだけでなく、電磁調理器では分離こげつきといった問題がある。

b．鍋の制約

電磁調理器の鍋は専門鍋であることが必要であるが、これらには重量の大きいものが多く、選定には留意を要する。

c．工事費の増大

電化厨房器具は比較的高価なものが多い。レンジ以外は、ガス機器と機能が同等であるにもかかわらず、一般的に電化厨房器具は高価である。

筆者が、以前約400m^{2}のホテル宴会厨房においてイニシャルコストの試算をしたところ、ガス厨房を全電化厨房とした場合、下記のとおりコストアップとなった。

厨房機器工事	約 1,000万円増
電気工事	約 800万円増
ガス工事	約 200万円減
空調工事	約 300万円減
計	約 1,300万円増

この金額は厨房全体工事費の約1割となった。

このコストアップを生かせるかどうかについては、運用段階において実際に電化厨房採用により、いかに人件費やランニングコストを抑えることができるかにかかっている。

(4) 空調システム

厨房の空調換気には膨大なエネルギーが消費される。また、衛生

管理上も重要である空調換気システムの選定に当たっては、多くの注意事項があり、ここではその詳細について述べる。

a．空調換気方式の分類

まず、空調方式については、**表4-16**に示すような方式がある。

従来はスポット空調方式が主体であったが、最近は厨房内の環境向上や衛生面を配慮して全域空調方式を採用する例が増加して

表4-16　厨房の空調方式

空調方式		小規模厨房	中～大規模厨房			
			下処理エリア	調理・加熱エリア	盛付け・配膳エリア	洗浄エリア
スポット空調	（天井吊）（天井埋込型）	○	○	△	○	○
	（床置型）	○	○	△	○	○
	（ダクトタイプ）	◎	○	◎	○	○
全域空調	（ダクトタイプ）	◎	◎	◎	◎	◎

いる。ただし、全域空調方式を採用する場合、ランニングコストが多くかかる。ホテルにおいて消費エネルギーを年間にわたって試算した事例を**表4-17**に示す。

この表に示すように、厨房は全体での面積比率は小さいが、空調における熱や電気の消費の比率は大きい。

省エネルギー対策としては、換気量を減らしたり、給気温度を適正にすること等がある。オフィス事例は5章で紹介する。

これらの空調機器としては、冷水を用いたファンコイルユニットや空調機だけでなく、空冷ヒートポンプパッケージ機器（マルチタイプ含む）が用いられることもある。また、全域空調方式の給気方法として、後述の天井換気システム等、低速で換気を行うことで厨房内の空気を撹拌させない工夫等を行うことができる。

b．換気量の法的算定基準

換気量の算定には、法的な基準とフード面速から決まる実用上必要な換気量があり、通常フード面速確保のための換気量のほうが大

表4-17　年間空調消費エネルギー試算結果

エリア	面積（㎡） ［ ］内比率%	空調面積（㎡） ［ ］内比率%	熱源負荷 GJ／年 ［ ］内比率%	空調動力 MWh／年 ［ ］内比率%
客室	9,083 [43]	6,259 [43]	6,714 [27]	407 [24]
宴会場	1,480 [7]	1,480 [10]	2,847 [11]	135 [8]
パブリック （ロビー等）	3,314 [16]	3,298 [22]	4,592 [18]	205 [12]
レストラン	1,660 [8]	1,621 [11]	2,662 [11]	146 [9]
バック	4,449 [21]	1,067 [7]	1,155 [5]	67 [4]
厨房	941 [5]	941 [6]	7,183 [28]	725 [23]
計	20,927 [100]	14,666 [100]	25,154 [100]	1,685 [100]

きくなる。現行の建築基準法による必要換気量（V）は下式にて算出することになっている。

$V = K \cdot Q$ [m³/h]

K：理論廃ガス量を40、30、20倍した値［m³/kWh］または［m³/kg］、都市ガスの理論廃ガス量は0.93m³/kWh（建設省告示第1826号）→表4-18、19、図4-24

Q：燃料消費量［kW］または［kg/h］

このほか換気量を算出するのには、一般に換気回数（厨房の容積を1時間当り何回入れ替えられるか、通常40〜60回/h換気）やフード面速の基準が使用される。換気回数は概算用であり、実用的には、フード面速が用いられる。先に述べた法定換気量では、有効に排気、排熱が捕集できないことが多いためである。

実際に設計する換気風量の根拠とするフードの面速を**表4-20**に示す。この数値を確保しないと、フードから煙が漏れたり、室内環境が悪くなる。また、食器洗浄器や茹麺器等、湯気の多い厨房器具は、臭気やオイルミストは少ないが、フード面速を下げすぎると、結露して滴下することがあるので注意が必要である。ただし、この数値を遵守して換気量を算出すると、換気回数が100回/h前後となることもある。この場合、省エネルギーの観点から効率が悪く、ま

表4-18　Kの係数（建設省告示　第1826号）

	排気装置		係数
強制換気	換気扇等または排気筒＋換気扇等		40
	煙突＋換気扇等		2
	排気フード付き排気筒＋換気扇等	排気フードⅠ型	30
		排気フードⅡ型	20

表4-19 フード形状

		法規制値			実用値
		II型フード	I型フード	I型フードと同時とみなせるフード	
高さ	h	1.0m以下	1.0m以下	1.2m以下	1.0m以下
	H	—	—	—	1.8～2.0m
大きさ（火源の周囲）	B	h/2以上	火源等を覆うことができるもの	h/6以上	—
集気部分	α	5cm以上	廃ガスが一様に捕集できる形状	廃ガスが一様に捕集できる形状	10～15cm
	θ	10°以上			30°～40°
材質		不燃材料	不燃材料	不燃材料	ステンレス

た、作業環境としても風速を感じ劣悪となり、製品のためにも好ましくない。今後は後述する「換気効率」のよい空調換気方式を採用し、換気風量を減らす必要がある。

建築基準法の換気基準としても、室内の酸素濃度での「性能規定」が設けられており、換気風量の算出には以下の2点が重要になる。

① 排気の捕集効率：厨房器具から排出される有害物質（CO、CO_2等）がどのくらいの低率で排気されるか

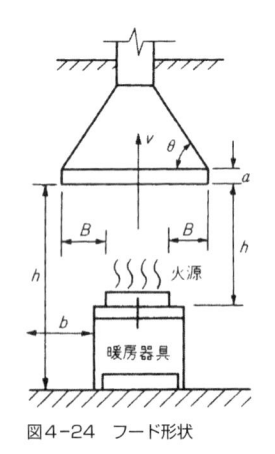

図4-24 フード形状

② 作業域の環境確保：作業エリアのO_2濃度が確保されるか

c．性能面からの排気量算定と排気フードと排気捕集

性能面から排気量や排気フードの設計を行うことも重要である。これらの考え方を**表4-21**にまとめる。

油脂分を含む排気が発生する厨房機器の上部に設置するフードには油脂を捕捉するためのフィルターを設置し、排気中の油脂分を除去する。油脂分の捕捉方法を**表4-22**に示す。処理風量や油脂分の補捉効率、イニーシャルコスト、ランニングコストを考慮して排気フードの選定を行う。油脂を捕捉するフィルターを設置したフードは、フィルターでの圧力損失が大きいため、フィルターを設置しないフードと同一系統で排気を行う場合には、圧力調整、風量調整ができるよう計画する。グリスフィルター方式においても、適切で定期的なメンテナンスを行えば十分に排気の捕集を行うことができる。また、ダクトの油汚染も回避することができる。また、**b．換**

表4-20　排気フードの必要最小換気量

厨房器具の種類		排気フードの吸込面風速 （壁付フードの場合）
発熱量の多い厨房器具	ガスコンロ、電気ホットプレート シーズヒーター ガスブロイラー ガスフライヤー	0.4m/s 以上
発熱量の少ない厨房器具	オーブン スチームケトル 電気フライヤー、ブロイラー グリラー	0.3m/s 以上
特に熱効率の高い厨房器具	電磁調理器	0.2m/s

注）　上記面積は背面に壁がある場合の数値で、4方向空いているアイランドタイプフードの場合は、上記数値の50％程度多く見込む。中華レンジについては0.5m/s以上とする必要がある。電磁調理器にて、鍋の間近で排気できる局所排気方式の場合は0.1m/sまで低域できる。

表4-21 排気量の算出と排気フードの関連

排気フードの選定手法	排気量もしくは排気フードの選定フロー
建築基準法による	前述のb.の仕様規定による
換気回数での想定	厨房詳細が決まっていない段階において厨房面積（m²）より厨房容積（m³）を算定。換気回数を40～60回/hで想定。過不足することが多い
厨房器具が決まった段階でフード設計	厨房器具配置より、フード面積（m³）を設定する。フードの面風速を0.2m/s～0.5m/sとして排気量を設定する
厨房器具の発生熱量からの算定	現在、日本では計算手法が確立していない。ドイツ技術者協会規格（VDI）では規定されている。実際にはさらに厨房器具の排熱以外に、臭気・オイルミストの捕集、調理や調理者によるじょう乱、空調空気のじょう乱等についても配慮する必要がある。（図4-25）また、厨房器具は、常時100％稼働しておらず「負荷率」等の概念も省エネルギー上重要である

気量の法的算定基準の項で、フードの吸い込み面風速について記述したが、面風速が遅くなると排気の捕集効率が下がるだけでなく、グリスフィルターでの油脂分の捕捉率も低下し、ダクト内への油脂分の堆積を助長することにもつながるため、適切な面風速での計画が必要である。フードに接続されるダクトは、低速ダクト（風速5～6m/s程度）で計画を行う。ダクト内抵抗が大きくなり過ぎると搬送動力が大きくなり省エネルギーに反するので注意する。

d．換気効率の向上

換気の方式を選定するに当たって、「換気効率」という概念について考慮しなければならない。

省エネルギーの観点から、汚染物質を最小の風量で排出することが重要である。換気方式には**図4-26**に示すように混合方式とピス

4. 厨房設計の実際　　143

表4-22　排気フード（油脂分離方式）の種類と特徴

フィルターの種類	初期圧力損失 [Pa]	油脂分の 捕捉効率	特　徴
グリスフィルター方式	50～150	60～86%	・グリースフィルターに油脂分を捕捉することにより排気から油脂分を分離する ・フィルター目詰まりにより圧力損失が増加する
遠心分離式	320～380	90%以上	・内部のバッフル板により排気が遠心加速され、遠心分離効果により油脂分を分離する ・メーカーにより最低必要風量が定められている
水フィルター方式	150～250	99以上	・水フィルターによる油脂分の捕捉効率が高く、臭気の除去効果も多少期待できる ・水フィルターにより火災が遮断されるため、フードダクト消火設備の放出口をダクト内に設置しなくてよい ・ダクト内結露について検討必要

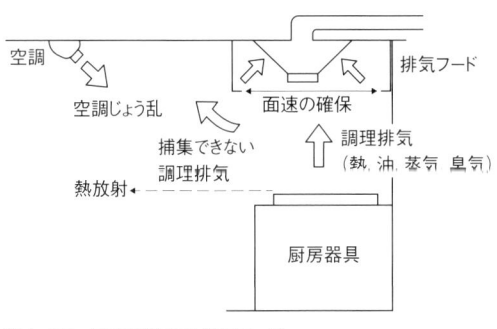

図4-25　厨房の排気量と排気フード

トンフロー方式がある。混合方式は室内換気をかき混ぜて換気する方式であり、一般に用いられている方式ではあるが、室内容積以上の換気を行わなければならないため「換気効率」は高くない。一方、ピストンフロー方式は、室内換気をなめらかに層流をつくり送ることにより、換気効率を高くすることができる。理想的な換気効率は「1」である。換気効率を高めることにより、空調への設備投資やエネルギーコストを低減させることができる。

この換気方式の概念を利用した換気方式として置換換気方式（ディスプレイスメント・ベンチレーション）がある。この方式は、外気を低速でゆっくり供給し、室内の汚染物質の上昇気流とバランスをとり効率よく換気する方式である（図4-27）。

e．天井換気方式

置換換気方式の一種として、ドイツで開発された「天井換気方

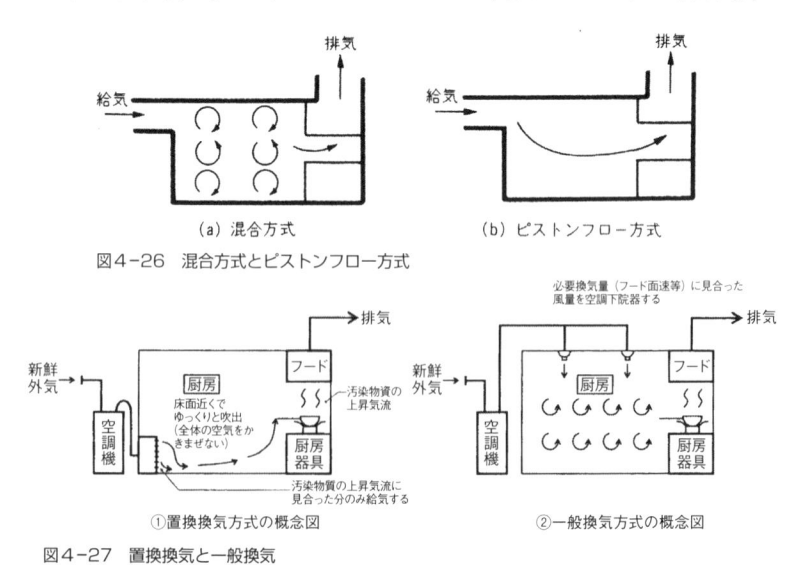

図4-26　混合方式とピストンフロー方式

図4-27　置換換気と一般換気

式」がある。この方式は3章で紹介した、ホテル日航福岡新館において導入されている。

厨房全域において導入した天井換気方式としており、その天井伏（図4-28）、断面（図4-29）および写真（写真4-3）を示す。

天井換気方式は、給気を低速で吹き出すために気流感が少なく、平均的な風速は0.15m/s程度で、これは一般のオフィスの風速と同等であり快適である。また、フードがないため見通しがよいメリットも感じられた。

凡例
- グリスフィルター
- 照明
- 給気口

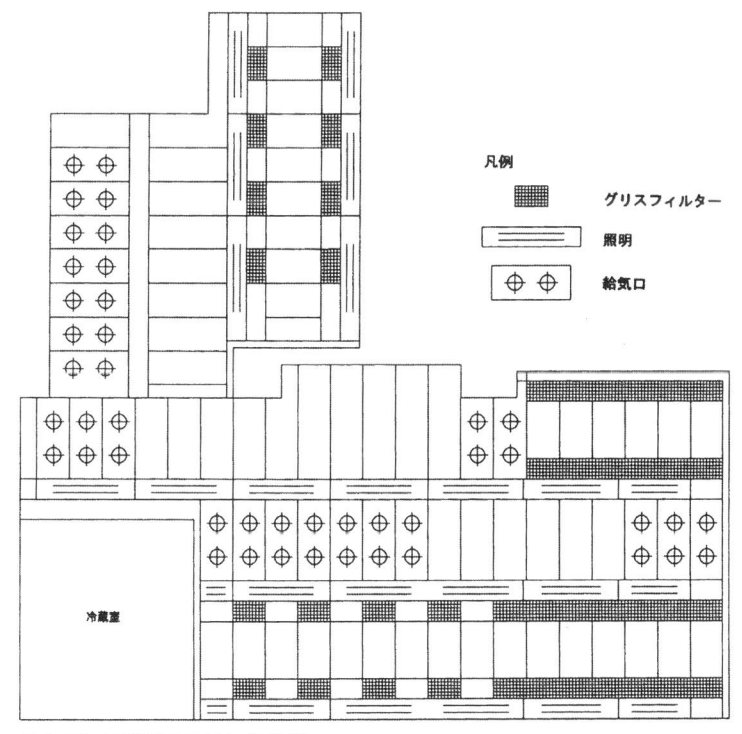

図4-28　天井換気システム（天井伏）

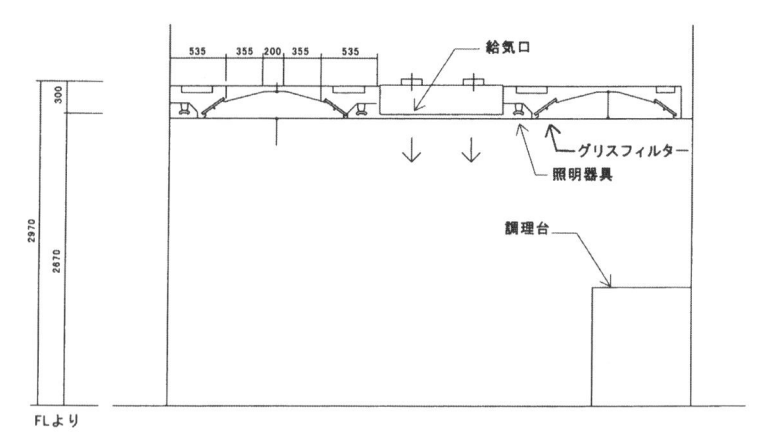

図4-29 天井換気システム（断面）

写真4-3 天井換気システム

この厨房において、換気性能の試験を行った。試験は、中華レンジ、ガスコンロ、電磁調理器について、それぞれ鍋で湯を沸かし計測を行った。各機器の発熱は中華レンジが335MJ/h、ガスコンロが188MJ/h、電磁調理器が13kWであった。計測の方法は垂直温度分布を測ることにより、熱の流れを知ること、もう一つは、人工的にガス（SF6という特殊なガス）を発生させ、濃度の変化を計測することにより換気の効率を想定した（計測情況を**写真4-4**に示す）。温度分布の計測結果を**図4.30**に示す。電磁調理器は周囲への熱的な影響が非常に小さいことがわかった。この天井換気システムは、火源近く以外では、温度の変化が小さく、室内濃度の確保には優れている。

これらの方式については計算基準の整備がまだ不十分ではあるが、換気効率を上げて換気量を減らす努力が省エネルギー上必要である。

また、ガス濃度計測結果より、各機器の想定される上昇気流量は、中華レンジが約6,600m³/h、ガスコンロが約4,900m³/h、電磁調理器が約970m³/h、となった。本方式を採用することにより電磁調理器は、かなり換気量を低減できることが期待される。一方、ガスコンロについては、火源近くで排気する等、熱効率や換気効率を上げ、室内気流への影響の少ない空調換気システムと一体化した機器開発が必要である。

f．換気量コントロール

省エネルギー上、使用状況に応じて換気量を変化させることも重要である。調理器具を使っていないアイドルタイムにおいては、必要である。ただし、調理師の自発的な操作のみでは不確実であるため、自動でコントロールすることが望ましい。制御システム例を図

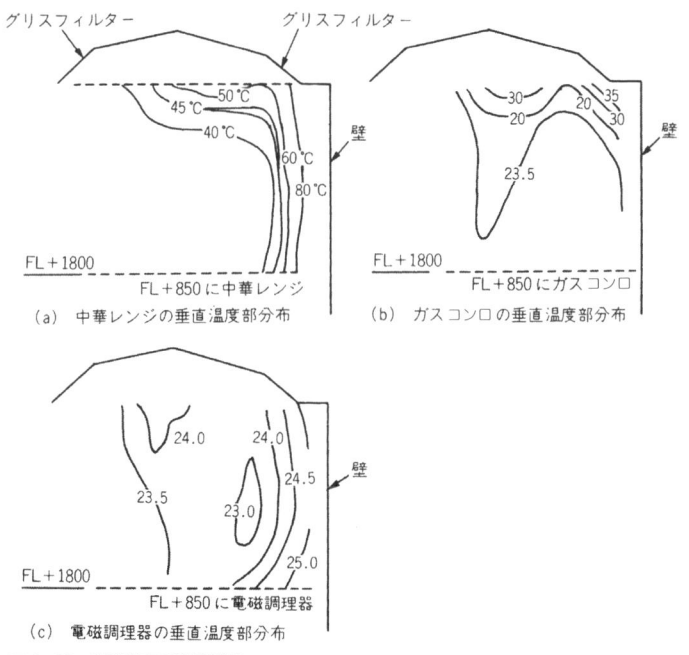

(a) 中華レンジの垂直温度分布
FL+1800 / FL+850に中華レンジ
グリスフィルター / 壁
45℃ 50℃ 40℃ 60℃ 80℃

(b) ガスコンロの垂直温度分布
FL+1800 / FL+850にガスコンロ
30 20 35 30 23.5 壁

(c) 電磁調理器の垂直温度分布
FL+1800 / FL+850に電磁調理器
24.0 24.0 23.5 24.5 23.0 25.0 壁

図4-30 温度分布の計測結果

写真4-4 天井換気システムの計測

4-31に示す。

換気量を変化させるのには空調(給気)と排気の両方を変化させることが、エアバランスを崩さないため重要である。これが崩れると、営業スペースに臭気が流れたり扉等の開口部で騒音が発生することがある。また、風量を減少させる場合でも法定換気量以上となるように制御を行う。

g．給気温度コントロール

空調換気の省エネルギーにおいてもう一点重要なことは、適正な室温とすることである。衛生管理上25℃以下とすることが望ましいが、外気条件に応じて変えることも必要である。一般に厨房の空調機は給気温度で制御することが多い。外気条件によっては、室内設定温度を緩和することも必要である。空調機をドライコイルとすることで潜熱処理負荷が低減される(一般厨房の温度条件は、夏期の上限が27℃、冬期の下限が20℃程度と考えられる)。

そのほか空調換気については、グリスフィルターの清掃をこまめに行い、換気の抵抗(静圧損失)を小さくすることも省エネルギー

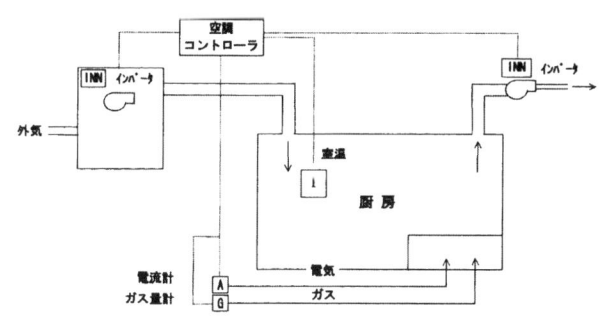

図4-31 換気量制御システム
電流値とガス量を把握し、使用量が少ない場合、換気風量を低減させる。燃料使用量ではなく、排気フード内の温度で稼働状況を判断して換気風量を調整するシステムもある。

につながる。湿度についても衛生管理上大きな要素であり、今後空調換気システムによりコントロールすべきである。

(5) 給水給湯の節減

多くの厨房でサラダ用の野菜や、解凍する魚介類を、シンクに入れて水を流し放しにしている光景が見受けられる。これらは運用面で解決できるので、責任者による節水の管理が必要である。

節水対策としては、節水コマ（給水・給湯の水栓に水量を抑える、「節水コマ」という部品を入れることにより節水するものをいう）の採用が増加している。しかし、これらは一般に高価である。高価な節水コマを採用しなくても、給水圧を適切にコントロールしたり、運用管理をきちんとすることで節水は図れるはずである。

給湯については給湯温度を適正にすることが望ましい。できるだけ低くすることが望ましく、50℃以上の高い給湯温度設定は省エネルギーでない（給湯配管で暖房しているようなものである）ばかりでなく、火傷の恐れもある。

(6) エネルギー環境管理システム（BEMS、見える化）

パソコンの普及により、厨房の運用の状況を容易に評価できるようになってきた。図4-32にエネルギー環境管理システムの概念を示す。エネルギーや温度等センサー類の情報をパソコンに収集し、リアルタイムに省エネルギー性や室内環境・衛生環境がどうなっているかを表示することができる。これによって照明の消し忘れや空調の長時間運転、さらに設定温度が適正かどうかについても判断することができる。作業エリアや冷蔵庫の温度を常時管理できるため、衛生管理にも役立てることができる。

4. 厨房設計の実際　151

　図4-33にオフィスビルの社員食堂で厨房でのエネルギー消費量を計測している事例を示す。

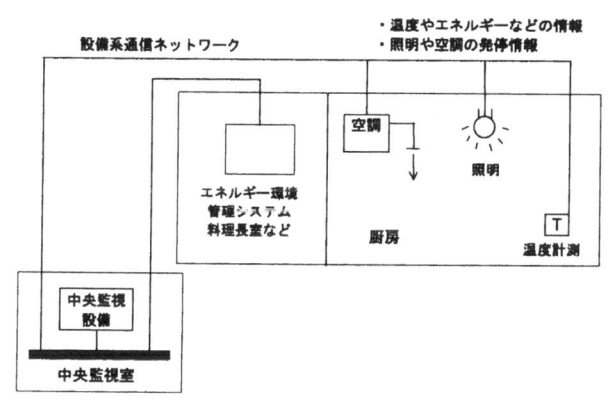

図4-32　エネルギー環境管理システム

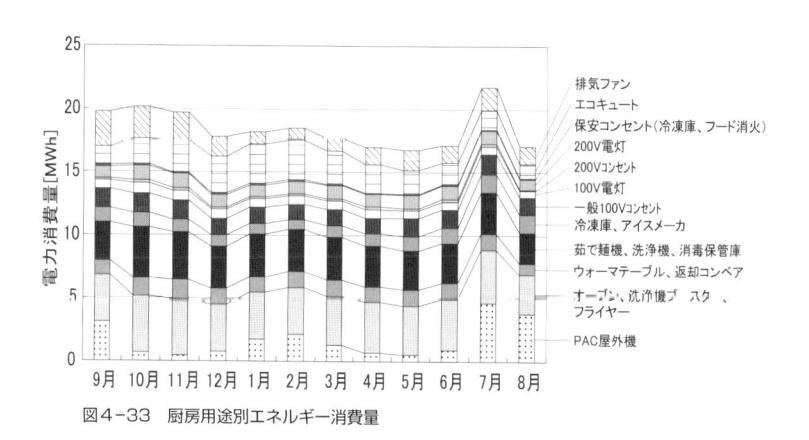

図4-33　厨房用途別エネルギー消費量

7 厨房周辺設備

厨房は臭気や排水、ごみの発生源であり、それらの対策として、厨房の周辺設備が必要となってくる。各設備の特徴や注意事項について以下に述べる。

(1) 厨芥処理設備

厨房で発生するごみは、処理にコストがかかるほか、臭気の発生源ともなり、扱いが難しい。さらに昨今、地球環境問題の観点より、環境に負荷を与えないというためにも真摯にごみ処理に取り組む必要がある。厨芥の処理上重要なことは、分別と減容化である。ごみの分別は都市部を中心に行政指導が厳しくなってきているが、減容化についても、今後努力が必要である。表4-23は大規模施設で従来使われてきた圧縮減容設備の比較表である。これらは、ごみ

表4-23 大型圧縮減容方式の比較

	コンパクター方式	ドラム方式
概念図	(コンテナ、投入、移動、レール)	(ドラム、投入、排出)
圧縮率	大きい (1/3)	大きい (2/3)
車両	専用コンテナ車	パッカー車
その他特徴	ごみの積み込み時間が短い 将来ごみが増加しても対応可能なコンテナを導入	ごみの積み込み時間が長い

の搬出時までプレハブ冷蔵庫にてギャベッジ缶のまま保管し、搬出時、その他の紙ごみと合わせて圧縮する方式である。こうした方式は、厨芥の水分や油分を紙ごみにしみ込ませることで、減容させる。紙ごみ等の一般ごみは分別化が大幅に進み減少する傾向にあるので、圧縮減容設備は、一定規模以上の施設の場合、法規制はあるものの時代に合わなくなりつつある。ごみの分別が進むと、最後に残るのが厨芥であり、生ごみが最大の問題となってくる。近年は、厨芥を単独で処理する方式（比較を**表4-24**に示す）が注目され、実施されつつある。

厨芥の減容方式の特徴についてさらに詳しく説明する。

a．圧縮脱水方式

ディスポーザー等でおから状に粉砕した上で、機械的に圧力をかけて脱水することにより減容化する。この脱水によって出る排水は、油脂分等を多量に含むため、厨芥除害設備等で処理された後に排出されなくてはならない。

この方式には集中式と分散式があり、分散式は、各厨房に配置さ

表4-24　厨芥減容方式の概念図

	圧縮脱水方式	加熱脱水方式	生物処理方式
概念図	厨芥 → ディスポーザー（最終生成物）→ 配管による圧送 → 排水	厨芥 → 加熱脱水 ← ボイラーなどによる加熱 → 最終生成物	厨芥 → 微生物による分解 → 最終生成物

れたディスポーザーで粉砕され、配管で圧縮設備に圧送される。この場合、厨房内のディスポーザーの騒音や、圧送配管のつまりの対策を講じる必要がある。

b．加熱脱水方式

ボイラーなどによる熱や、発熱等を利用し、厨芥を乾燥させる方式である。この方式は、ランニングコストが多くかかることがある。

c．生物処理方式

家庭用としても一部普及し、最近最も注目されている方式である。この方式は、厨芥を処理することができる微生物により減容する方式である。微生物の安全性には課題があるが、今後量産化でコストダウンを図れば普及すると考えられる。また、最終生成物はコンポストと呼ばれる有機性堆肥として利用することも可能である。図4-34に微生物処理方式の一つである高温メタン菌厨芥処理設備の図を示す。この方式では、メタン菌にて得られるメタンガスを燃料として利用することができる。また、厨房除害設備と兼ねることもできる。

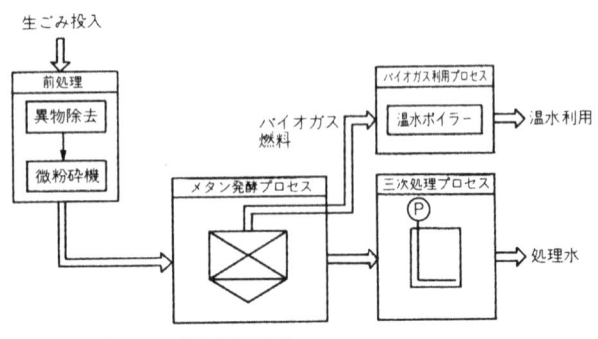

図4-34 高温メタン菌厨芥処理設備

（2）水処理設備

水道水は安全基準をクリアしているが、調理に必要な水としては不十分である。わが国では、水質が悪化することにより水道水を適正な飲料水にするために塩素を投入し、浄化処理を行って殺菌の強化を図ってきた。このため水本来のおいしさがなくなり、料理に適さない水になっている。

和食の調理に使用するだし汁や洋食のコンソメスープ等は、特に水質が影響するといわれている。水の成分の違いが原因で、ミネラルを多く含んだものがよいとか、クラスタという分子が小さいもの

表4-25　厨房器具と浄水器等導入効果

製氷機	氷が溶け始めてもカルキ臭さやカビ臭さがしない濁りない透明な氷をつくる。フィルター代わりとなり、機械の故障を防ぐ。
コーヒーマシン	抽出度が高くなり、まろやかで香りの高いコーヒーに仕上がる。スケールトラブルを防ぎ、機械の故障を防ぐ。
給茶器	抽出度が高くなり、まろやかで香りの高いお茶に仕上がる。スケールトラブルを防ぎ、機械の故障を防ぐ。
飲料用給湯器	紅茶やお茶の抽出度が高くなり、まろやかで香り高い物に仕上がる。スケールトラブルを防ぎ、機械の故障を防ぐ。
炊飯用蛇口	米のビタミン B_1 を損なわずおいしくなる。軟水にするため、浸透性が高くなりふっくらと仕上がる。経時変化による黄ばみがなくなる。
スープ・調理用蛇口	臭いや不純物を除去することはもちろん、軟水にするため食材のもつ特性を引き立たせる。
飲料用蛇口・ウォータードラフト	臭いや不純物を除去し、ミネラル分はそのまま通すためおいしい水をつくる。
スチームオーブン・蒸し器	スケールトラブルを防ぎ、機械の故障を防ぐ。

表4-26 厨房の浄水計画

機種	機器・用途	備考
浄水器（小）	ウオータードラフト 飲料用蛇口（コーヒー・調理用含む） ウオータークーラー ティーサーバー 製氷機（15kg〜50kgタイプ） コーヒーマシン 湯沸器	残留塩素 有機物 カルキ臭，かび臭 他の異臭 塩素化合物 主に，上記項目を吸着ろ過し，おいしい水を供給する
浄水器（中）	ウオータードラフト 飲料用蛇口（コーヒー・調理用含む） ウオータークーラー ティーサーバー 製氷機（30kg〜100kgタイプ） コーヒーマシン 湯沸器	残留塩素 有機物 カルキ臭，かび臭 他の異臭 塩素化合物 主に上記項目を吸着ろ過し，おいしい水を供給する
浄水器（大）	ウオータードラフト 飲料用蛇口（コーヒー・調理用含む） ウオータークーラー ティーサーバー 製氷機（50kg〜200kgタイプ） コーヒーマシン 湯沸器	残留塩素 有機物 カルキ臭，かび臭 他の異臭 塩素化合物 主に上記項目を吸着ろ過し，おいしい水を供給する
軟水器	湯沸器 スチームオーブン 家庭用食器洗浄器 コーヒーマシン（エスプレッソ） 調理水用蛇口（食品加工用水含む）	カルシウム マグネシウム カリウム等の硬度物質を除去し軟水を供給する
全自動軟水器（小）	食器洗浄器 アンダーカウンタータイプ ドアータイプ 小型ボイラー 調理水用蛇口（食品加工用水含む）	カルシウム マグネシウム カリウム等の硬度物質を除去し軟水を供給する

表4-26 （つづき）

機種	機器・用途	備考
全自動軟水器（大）	食器洗浄器 アンダーカウンタータイプ ドアータイプ 大型ボイラー 調理用蛇口（食品加工用水含む）	カルシウム マグネシウム カリウム等の硬度物質を除去し軟水を供給する

がよいとか諸説があり、今後研究が必要である。

水道水より質の優れた水の提供をするためには、浄化したり、電解する必要がある。

a．浄水器

浄水器を使用することにより、残留塩素やかび臭等の臭気、酸化鉄（鉄さび）や有機物類による濁り等を除去し、自然なおいしい水に戻す。

b．浄軟水器

浄軟水器は、浄水器と軟水器の効能を併せたものであり、活性炭層でかび臭、カルキ臭を取り、イオン交換樹脂で水の中に含まれているカルシウム、マグネシウム等を除去し、くせのない軟水にする。

軟水は、飲み水としては不適だが、料理用、加工用水として利用すると、色も鮮やかにふっくらと仕上がる。ヨーロッパでは、自然水が硬水のため、煮込み用には、トマトやワインがしばしば水の代わりに利用されている。また、中国料理に炒め物、蒸し物が多いのも水が硬いためである。

軟水にすると、浸透性が高くなりふっくらと仕上がる。経時変化による黄ばみがなくなる。

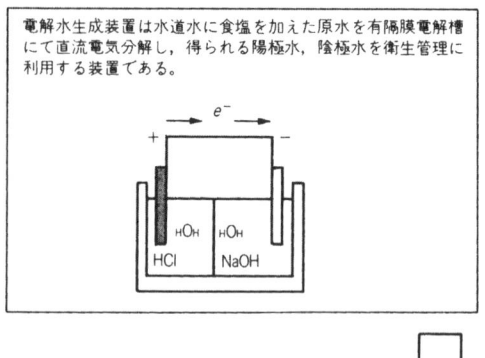

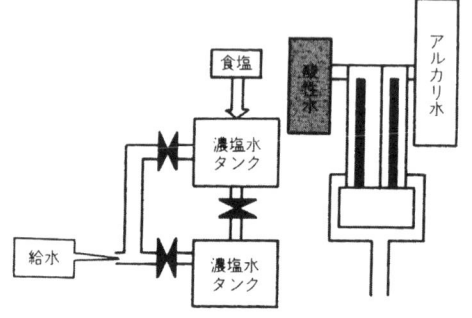

> 電解水生成装置は水道水に食塩を加えた原水を有隔膜電解槽にて直流電気分解し、得られる陽極水、陰極水を衛生管理に利用する装置である。

図4-35 電解水生成装置の基本構造

c．電解水

　水を電気分解して生成する機械装置であり、水道水をこの装置に通すことでつくられる。

　装置に内蔵された浄水フィルターを通過することで不純物、塩素等を除去した後に、水は電解槽に移り、マイナス極に集まった水がアルカリイオン水になる。プラス極のほうが酸性イオン水となり、双方に電気分解されたものが装備された蛇口から出てくる。

　電解水生成装置の基本構造を図4-35に示す。

　電解水を導入した場合の効果としては以下があげられる。

① 除菌洗浄が行え、初発菌抑制効果に優れている
② 腐敗臭の原因となる細菌を洗い流す効果がある
③ 酸性水に高い殺菌効果が確認されている

一方、電解水を導入する際の注意事項は以下のとおりである。

① 電解水生成装置の設置をする場合は設置箇所に伴うシンク、配管、水処理等が強酸性水で劣化しない設備が必要になる
② 飲料水としての使用はできない

(3) 厨房除害設備

厨房除害設備は、下水道法等の規制により一定条件を超える厨房排水量（ホテルの場合、厨房排水量が50m^3/日以上、または営業面積420m^{2}以上という規制が一般的）がある場合、放流水の油脂分の指標値である「ノルマルヘキサン値」を30mg/ℓ（地域により規制値は異なる）以下に抑えるために設置される。従来採用されることの多かった加圧浮上方式は、

① 汚泥発生量が多くランニングコストが高いこと
② 空気を送り込むことが必要なため臭気の発生が強いこと（脱臭装置を設けることが多い）
③ イニシャルコストが高いこと
④ 所要スペースが大きいこと

等の問題があり、採用が少なくなりつつある。厨房除害設備は利用者にとって付加価値のない設備であるために選定に苦慮することが多い。

厨房除害方式は大きく化学処理方式と生物処理方式があり、現在実用化されているものには**表4-27**に示すものがある。これらのう

表4-27 厨芥除害方式の分類

```
化学処理方式 ┬─ 加圧浮上方式
          ├─ 常圧浮上方式
          └─ 凝集濾過方式

生物処理方式 ┬─ 活性汚泥法(好気性)
          ├─ 油脂分解菌による処理法(好気性, BN)
          ├─ 油脂分解菌による処理法(嫌気性)
          └─ 酵母菌による処理
```

ち、実績・コスト等の面で実用性の高いと考えられる4方式について調査、コストスタディーを行った結果を表4-28に示す。このうち微生物処理方式が、汚泥発生量が少なく、設置スペースも小さく設備機器コストも比較的安価(水槽の容量は大きくなる)であり、今後は主流になると思われ、実績を上げつつある。この方式は半面、①微生物の活性を維持するため、水質や水温を適正に保つ必要があること、②汚水が流入しなくとも常時曝気しなくてはいけないこと、③消毒薬品やアルコール等を汚水に混入できないこと、④微生物製剤・酵素を定期的に投入しなければならない等の安定性に関する問題も多く、さらなる研究開発が必要な状況である。

厨房除害設備のトラブルとしては以下が多く発生している。

a．排出基準の不適合

厨房排水、特に油脂分の排除がグリストラップの適切なメンテナンスがなされていない場合、不十分であることが多い。その場合、設計値以上の排水原水条件(特にノルマルヘキサン値)となり、処理が不十分となり、汚染水を下水道本管に放流することとなり、下水道局等より改善命令を受けることとなる。

b．厨房除害設備排気

厨房除害設備の排気は、硫化水素等の強い悪臭が発生する。厨房除

表4-28 厨芥除害方式の比較検討および調査結果

	加圧浮上方式	凝集ろ過方式	微生物処理方式 (好気性油脂分解菌等)	活性汚泥法
方式概要	汚水と高分子凝集剤と攪拌しフロックを生成させ,加圧空気を加え油分を浮上分離させる方式	汚水と凝集剤を攪拌し,フロックを生成させフロックをろ布により除去する方法	好気性のためエアレーションを行いながら分離した油脂分解菌により油脂分を分解する(接触曝気法)	好気性のためエアレーションを行いながら,一般の活性汚泥法により油脂分を分解する
長 所	薬品による処理のため安定性大	薬品による処理のため安定性大 エアレーションがないため臭気の発生が少 汚泥発生部分を密閉できる 加圧浮上より機械室小(86)	汚泥発生量が少なく腐敗しにくい 機械室スペース小(45)	汚泥発生量が少なく,腐敗しにくい 機械室スペースが小(27) 菌体の投入は不要
短 所	エアレーションおよび汚泥からの臭気が大	汚泥量が大	機械室スペースが大 100 (基準) 汚泥量が大 滞留時間が長く必要なため水槽容積が大 定期的に微生物製剤・酵素の投入が必要 流入水への消費薬品の制約	滞留時間が長く必要なため 大量のエアレーションが必要であり臭気大
イニシャルコスト試算(指数)	本体 84 水槽 16 計 100 (基準)	本体 76 水槽 15 計 91	本体 77 水槽 29 計 106	本体 125 水槽 26 計 151

注) 機械室スペースの指標は加圧浮上方式を100とした。

害機械室の排気は、活性炭等で脱臭した後、屋上の外気取入に影響がない位置で排気することが求められる。また、厨房除害槽そのものから直接排気する臭突（ダクト）も排気位置に十分注意する必要がある。腐食性のあるガスのため、材質にも注意する。

（4）排気脱臭設備

厨房排気の開放場所を計画する際には、隣地への臭気の流出、取り込み空気へのショートサーキット、風向き、排気に含まれる油脂分による汚れへの配慮が必要である。隣地への臭気流出については悪臭防止法や自治体の条例で定められた臭気濃度の規制を守れるか、確認が必要である。規制が守れない場合や、外気取り込み口へのショートサーキットの懸念がある場合には、排気経路に脱臭設備の設置を検討する。脱臭装置にはセラミック系ブロックで臭気物質を吸着する方式や、光触媒が塗布されたフィルターに排気を通し、フィルター表面に光を照射することで臭気物質を酸化還元して臭気を低減する方式等がある。

表4-29に、オフィスビルの社員食堂に設置された脱臭設備に対して運用状態で実測を行い、脱臭効果を評価した事例を紹介する。

表4-29　脱臭効果の実測事例

	脱臭装置入口	脱臭装置出口
臭気濃度	2,500	79
臭気指数	34	19
備　　考	脱臭方式：光触媒方式 設計脱臭効率：96.3%（入口臭気濃度 2,500　→　92）	

8 安全対策

　火気を使用する厨房では、安全対策が重要である。厨房の調理では油脂分を含んだ排気が発生するため、排気ダクト内部への油脂分の固着、堆積が生じる。ダクト内に堆積した油脂分をそのままにして運用を続けると、ダクトが閉塞して換気不十分となり、不完全燃焼が発生し一酸化炭素中毒を引き起こす恐れもある。また、ダクト内部に堆積した油脂分に調理による火が引火すると、火災がダクト内を伝搬して、広範囲に被害を及ぼす恐れがある。ダクトからの火災の伝搬を防止するため、排気ダクトには火災伝送防止装置を設置することが条例で定められている。火災伝送防止装置としては、火災時に自動で閉鎖する防災ダンパと自動消火設備がある。建築規模や厨房設備の最大消費熱量等によって、条例で自動消火設備の設置を要する厨房が定められている。特に近年、厨房ダクト内に付着した油による火災が増加している。東京消防庁管内では年間700件にのぼるとのデータも報告されている。これを回避するには、厨房ダクトの内面に固く付着した油脂分を「ノミ」のような工具で除去するための点検口が必要となってくる。ダクトの曲がり部分等に点検口の設置が求められる。厨房排気ダクトは耐火性能が求められるため、点検口にも耐火性能（耐火性能をもたせた点検口とするか、点検口を閉じた状態で、ロックウールで覆う等）が求められる。

　防火ダンパについては排気に含まれる油脂によって可動部分が固着し、必要なときに作動しない事例や、温度センサー（ヒューズ）に油脂が固着することで断熱され、ヒューズの作動時間が遅れた事例が見られたことから、温度センサー（ヒューズ）の交換や清掃、点検が容易にできるような点検口の設置が求められる。

自動消火装置は、フード内やダクト内、グリースフィルター、調理器具（フライヤー、レンジ）から発生する火災を自動的に感知して消火を行う設備である。消火と同時に、排気ファンの停止やガス遮断等を行う。

　また、一酸化炭素中毒事故の低減をめざし、ガスを利用した業務用調理器具についても、調理中に炎が消えた場合に自動でガスを遮断する立ち消え安全装置を設置した器具の開発が行われ、標準装備に向けた動きが見られるが、使い勝手の悪化やイニシャルコストの増加といった懸念もあり、普及するのは時間がかかると思われる。

　注：本節は、飲食店の厨房設備等に係る火災予防対策等検討部会「飲食店の厨房設備等に係る火災予防対策等検討部会報告書」（2012年3月、東京消防庁）を参照した。

9 厨房設備の作図

これまでに述べてきたコンセプトや留意点を実際に実現するのが厨房設備の設計図である。設計図の作成上で、注意しなければならない項目を**表4-30**にチェックリストとしてまとめた。

この図面と、次に述べる特記仕様書により、理想的な厨房が実現できる。

表4-30 厨房設計図チェックリスト

1 建築設計図と整合しているか？（平面計画、断面計画）
2 建築仕様（床、壁、天井、排水側溝、扉等）は厨房計画と合致しているか？
  特に排水管の材料は腐食に対して強いものとしているか？
3 厨房設備の情報は、電気設備、衛生設備、空調設備に反映しているか？
4 浄水器、軟水器等の水処理機器は設置されているか？
5 配管の立ち下げ位置は確保されているか？（必要に応じて厨房工事として配管カバーを設置）
6 照明計画上、照度や演色性に問題ないか？（フード等で暗くなる部分にはフードライトを設置）
7 冷蔵庫は、水冷式、空冷式の検討を十分行ったか？ コンデンシング・ユニットの設置場所を確保したか？ また、自家用発電機の対象にしてあるか？
8 床の洗浄方法は考えてあるか？（リールホースユニットの設置等）
9 予備のコンセントの容量、位置は適正か？また、ワゴン類の電源についても確認してあるか？
10 メーター類や分電盤等のスペースは確保してあるか。点検口の位置についても調整してあるか？
11 ガスレンジやフライヤー等の発熱機の背面は、タイルの熱割れ防止にステンレスでカバーするといった対策がとられているか？
12 水洗金具の仕様（ハンドル形状等）を調整したか？
13 厨房入口の手洗器の水栓仕様やタオル等の仕様（エアータオルほか）は表記してあるか？
14 耐震対策は記述されているか？（特に背の高い器具）
15 ヒートランプの数、位置の調整は行ったか？
16 厨房のダクト・フード消火設備の要否は消防に確認したか？
17 スチームコンベクション・オーブンの洗浄剤に含まれる成分によって、使用に適しない排水管材があるため、配管メーカーへの確認を行ったか？
18 ダクト清掃への配慮がされているか？

🔟 特記仕様書

（1）特記仕様書作成の目的

運営者と設計者の間で、計画段階でまとめたコンセプトを実際の厨房設備として実現するために設計図を作成するが、設計図のみでは設計意図を十分に反映できない。どのようにつくるか、ディテールや材質、責任や工事の区分等を書類としてまとめておく必要がある。

設計事務所や建設会社をはじめ日本建築家協会（JIA）等で「設備工事標準仕様書」というものが発行されており、これには一般的な厨房工事の工事手順等が定められている。個別の厨房工事の情報としては、内容が不十分であり、理想的な厨房を実現するために「特記仕様書」を作成する必要がある。以下に特記仕様書に記述すべき内容について述べる。

（2）特記仕様書に記述のある内容について

特記仕様書に記述のある内容を以下に示す。

内容はできるだけ具体的に記述したほうが望ましいが、数値等で表せないものは、性能で表してもやむをえない。

① 厨房工事の作業内容（他種工事との調整、官庁との打合せや検査等）
② 工事の実施要領やスケジュール管理
③ 図面（単品図書）や提出物の種類と、承認の手続きや設計変更時の対応
④ 他工事との工事区分や責任区分
⑤ 器具の一般仕様（材質や加工方法等）

⑥　冷蔵庫の仕様（冷却方式、建築との工事区分ほか）
⑦　その他各種器具の仕様
⑧　耐震や、衛生化を考慮した施工（据付け手法）

（3）厨房機器の一般仕様

厨房機器選定に際しては、次の項目要件を考慮する必要がある。
①　機能性——調理の専門的機能性を備えていること
②　衛生性——清潔管理がしやすい構造を備えていること
③　安全性——安全性確保のための機能を備えていること
④　耐久性——機器の構造や部品が耐久性に優れていること
⑤　メンテナンス性——故障および機械の寿命に伴う部品の交換等が行いやすい構造を備えていること

各メーカーの標準機器のほかに、実際の厨房の形状に合わせて特注の機器を制作する必要が生じる場合があるが、製作機器について仕様を設定する際に、上記の項目要件を満たすほかに外観の統一も必要になる。次頁以下に、仕様書の例を掲げる。

a．燃焼式ガス機器関係

表4-31　燃焼式：ガスコンロ、ガステーブル、ローレンジ

項目	特記仕様書			ガス供給業者
	厨房設備業者			
	厨房機器		接続要望	
燃焼部・バーナ	二重バーナのガス消費量は 15,000kcal 以上 一重バーナのガス消費量は 5,000kcal			
オーブン	庫内温度を平均化するために，底板は多重構造および 5mm 鋼鈑とする			
板金構造・材質	バーナ，五徳以外のステンレスの厚みは 1.5〜2.0mm，表面板金仕上げは，#4 およびヘアラインとする 脚部，ステンレス丸パイプを使用			
安全機能	立ち消え安全装置，JIA 承認			通路に突出しない接続
衛生面	ガステーブル（スノコ付き），ローレンジの場合は床面より 150〜200mm 以上		衛生面に配慮した接続を要望	管を横引する場合は床面に這わせない

表4-32　燃焼式：ガス中華レンジ

項目	特記仕様書			ガス供給業者
	厨房設備業者			
	厨房機器		接続要望	
燃焼部・バーナ	強制燃焼および自然燃焼のバーナのガス消費量は 40,000kcal 以上			
オーブン	庫内温度を平均化するために，底板は多重構造および，5mm 鋼鈑とする			
板金構造・材質	五徳は鋳物を使用 バーナ，五徳以外のステンレスの厚みは 2.0mm 以上，表面板金仕上げは#4 およびヘアーラインとする			
安全機能	立ち消え安全装置，JIA 承認			通路に突出しない接続
衛生面	スノコ付きの場合は床面より 150〜200mm 以上とする		衛生面に配慮した接続を要望	管を横引する場合は床面に這わせない

表4-33 燃焼式：ガスフライヤー

項目	特記仕様書			ガス供給業者
	厨房設備業者			
	厨房機器		接続要望	
板金構造・材質	ステンレスの厚みは1.5～2.0mm，表面板金仕上げは#4およびヘアーラインとする			
安全機能	立ち消え安全装置付き，加熱防止装置付き 不着火，失火，警告ランプ，異常ブザーの機能性付き，JIA承認			
衛生面	油槽内に浸管なく清掃性のよいもの		衛生面に配慮した接続を要望	管々横引する場合は床面に這わせない

表4-34 燃焼式：ガススチームコンベクション・オーブン

項目	特記仕様書		衛生設備	ガス供給業者
	厨房設備業者			
	厨房機器			
機能性	設定温度範囲　30～300℃ 湿度制御範囲　30～300℃			
調理モード	蒸気，熱風，蒸気＋熱風，低温蒸気，低温雰囲気，再加熱，芯温制御			
付加調理機能・付加機能	加湿，庫内ファン制御，自動冷却 庫内洗浄用ハンドシャワー，二重ガラス			
安全機能	立ち消え安全装置，過熱防止装置，空焚防止装置，蒸気安全弁，JIA承認 ノイズフィルター，ドアスイッチ			通路に突出しない接続
衛生面	排水の配管の配置は，機器と壁面との間に隙間ができないように配置図を作成		衛生面に配慮した接続	管を横引する場合は床面に這わせない
付属品	軟水器を取り付ける		耐熱配管	

表4-35　燃焼式：ガスグリドル、ガスチャーブロイラー、ガスチャーグロー

項目	特記仕様書		ガス供給業者
	厨房設備業者		
	厨房機器	接続要望	
板金構造・材質	ステンレスの厚みは1.5～2.0mm、表面板金仕上げは#4およびヘアーラインとする		
安全機能	立ち消え安全装置付き、加熱防止装置付き 不着火、失火、警告ランプ、異常ブザーの機能性付き、JIA承認		
衛生面	配油口の溶接部が凸凹でないこと	衛生面に配慮した接続を要望	管を横引する場合は床面に這わせない

b．電気機器関係

表4-36　電磁気調理器（テーブルタイプ、スタンドタイプ、ローレンジタイプ）

項目	特記仕様書		電気工事業者
	厨房設備業者		
	厨房機器	接続要望	
機能性 被加熱物外径 操作	内外独立コイル構造、全面均一加熱 2φ190～400mm 内外コイル加熱時間比率連続調整機能 内外比設定		
プレート	コイル保護板材カーボンプレート		
板金構造・材質	ステンレスの厚みは1.5～2.0mm、表面板金仕上げは#4およびヘアーラインとする 脚部、ステンレス丸パイプを使用		
安全機能	コイル保護板下面異常過熱、ユニット内部過熱、鍋不検知、ユニット内部短絡、入力電圧異常、入力過電流、出力過電流、共振回路異常		清掃の際に水が掛からない位置にコンセントを設置
衛生面	テーブルタイプ(簀付き)、ローレンジの場合は床面より150～200mm以上	衛生面に配慮したコンセント位置を要望	

表4-37 電磁中華レンジ

項目	特記仕様書		電気工事業者
	厨房設備業者		
	厨房機器	接続要望	
機能性 被加熱物外径 操作	内外独立コイル構造,全面均一加熱 2φ190〜400mm 内外コイル加熱時間比率連続調整機能 内外比設定		
プレート	セラミックプレート(結晶ガラス)		
板金構造・材質	ステンレスの厚みは1.5〜2.0mm,表面板金仕上げは#4およびヘアーラインとする		
安全機能	コイル保護板下面異常過熱,ユニット内部過熱,鍋不検知,ユニット内部短絡,入力電圧異常,入力過電流,出力過電流,共振回路異常		清掃の際に水が掛からない位置にコンセントを設置
衛生面	テーブルタイプ(スノコ付き),ローレンジの場合は床面より150〜200mm以上	衛生面に配慮したコンセント位置を要望	

表4-38 電気式・電磁式、フライヤー

項目	特記仕様書		ガス供給業者
	厨房設備業者		
	厨房機器	接続要望	
板金構造・材質	ステンレスの厚みは1.5〜2.0mm,表面板金仕上げは#4およびヘアーラインとする		
安全機能	加熱防止装置付き 警告ランプ,異常ブザーの機能性付き		清掃の際に水が掛からない位置にコンセントを設置
衛生面	油槽に浸管なく清掃性の良いもの	衛生面に配慮した接続を要望	

c．冷凍庫・冷蔵庫関係

表4-39　プレハブ冷凍庫・冷蔵庫

項目	特記仕様書		
	厨房設備業者		衛生設備業者
	厨房機器	接続要望	
構造・材質	カートイン式の場合は工事の提示をする 外装・内装材はステンレス材および塩化ビニール材を提示する ドアの開き方向は計画図に定める 開戸または引戸か設計図に定める	シンダーの高さを提示する	カートイン冷凍庫・冷蔵庫を設備する際はシンダーの高さを考慮する(250mm以上)
安全機能	出庫ノブの耐久性を保持した製品を提供する		ノンスリップ床の整備
衛生面	庫内の排水口は清掃がしやすい位置にする	床面のレベルを指示	床面のレベルを整備

表4-40　リーチイン冷蔵庫・冷凍庫

項目	特記仕様書		
	厨房設備業者		衛生設備業者
	厨房機器	接続要望	
構造・材質	内装材はステンレス材および塩化ビニール材を提示する ドアの開き方向は計画図に定める		
安全機能	ヒンジの耐久性を保持した製品を提供する		清掃の際に水が掛からない位置にコンセントを設備
衛生面	庫内の排水口は清掃がしやすい位置にする	床面のレベルを指示	排水口は桝を整備

d. スチーム機器関係

表4-41 スープケトル

項目	特記仕様書			衛生設備業者
	厨房設備業者		建築設備	
	厨房機器		要望	
板金構造・材質	釜ステンレスSUS-304, 3mm, 表面板金仕上げは#4およびヘアーラインとする			機器までの接続およびスチームトラップ等を整備
安全機能	圧力計・安全弁・ハンドル付き		ドライシスァム	
衛生面	配油口の溶接部が凸凹でないこと		ウオールマント形式	専用ドレンを整備

e. 給水・排水（給湯）関係

表4-42 スチームコンベクション・オーブン、洗浄機、コーヒーマシン

項目	特記仕様書		衛生設備業者
	厨房設備業者		
	厨房機器	要望	
板金加工・付属備品	特殊水栓金具供給, 取付け 水栓取付け穴開口 軟水器・浄水器供給, 取付け	配管位置の要望	水栓金具供給, 取付け, 接続工事を行う 手元バルブ供給, 取付け, および以降機器接続まで行う 浄水器, 特殊水栓の場合は手元バルブ止めにする
機器備品	機器に付属する給排水金物, オーバーフロー, 特殊備品および厨房機器設備に必要な機器内部の配管	使用部品の要望	給水栓, 給湯柱, に伴う一次側配管ならびに器具設備工事を行う 間接排水, 排水側溝, ドレン, グリストラップ, 手洗消毒器, およびそれらの工事および付属品の取付けを行う
衛生面		間接排水, 排水側溝, ドレン, グリストラップ, 手洗消毒器の位置要望	間接排水, 排水側溝, ノンスリップグレーチング, ドレン, グリストラップ, 手洗消毒器の整備

f．板金製品関連

〈ステンレス〉

厨房機器に使用するステンレス鋼種としては、フェライトステンレス鋼に属するSUS-430と、オーステナイトステンレス鋼に属するSUS-304鋼があげられる。このステンレス鋼の特徴は次のようになる。

表4-43 ステンレス鋼の特徴

鋼種	合金組成	金属組織	特性	JIS表記
ステンレス鋼	Cr：18.0〜20.0%	フェライト系	非焼入硬化性	SUS-430
	Cr：18.0〜20.0% Ni： 8.0〜10.5%	オーステナイト系	時効硬化性	SUS-304

① フェライト系ステンレス鋼SUS-430は、18.0〜20.0%のクロムを含み、溶接性、成形加工性が良好であるが、耐食性、耐酸性に問題がある。磁性があり、電磁調理器の調理面の表面には不向きである。比較的安価である

② オーステナイト系ステンレス鋼SUS-304は18.0〜20.0%のクロムと8.0〜10.5%ニッケルを含み非磁性であり、耐酸性、耐食性、耐熱性、耐低温性、加工性、強度に優れているが、熱膨張が大きいので、加工の際の溶接には注意が必要になる

③ オーステナイト系ステンレス鋼SUS-316は特に耐食性に優れており、スパゲッティー類を茹でるために食塩を用いるので、茹麺機を注文する際には指定する必要がある

〈鋳鉄、真鍮〉

鋳鉄、真鍮を使用する際には、**表4-44**に示す仕様書に従い加工仕上げを行う。

表4-44 鋳鉄・真鍮の仕上げ

	架台	アングル	チャンネル	オーバーフロー・排水金具
鋳鉄	錆止め塗装	クロームメッキ	クロームメッキ	
真鍮				クロームメッキ

　ステンレス鋼材は機器別仕様書に特に要求されない限り、SUS-304を使用とするが、経済ベース（コスト）や加工性（曲げ、溶接）を検討すると、実際にはSUS-430を使用することも多い。

　以下の板金類の仕様書の事例は、耐酸性、耐熱性、耐低温性、加工性、強度に優れているSUS-304として示した。

表4-45 テーブル、移動台

特記仕様書					
部　位	材　質	表面加工	成形加工	溶　接	備　考
テーブルトップ	SUS-304 1.5mmt	#4仕上げヘアライン	指定-R	接続にはアルゴン	
バックガード	SUS-304 1.5mmt	#4仕上げヘアライン	立上がり 1.0mmR		幅60mm 高さ250mm
スノコ	SUS-304 1.0mmt	#4仕上げヘアライン			取り外し式
脚	SUS-304 1.0mmt	#4仕上げヘアライン		スポット	
アジャスター	SUS-304 1.0mmt	#4仕上げヘアライン	SUS-304 φ38mmt		
キャスター		#4仕上げヘアライン			自在キャスター φ125mm対角方向, ストッパー, 2個

表4-46　キャビネット、テーブルキャビネット

特記仕様書					
部位	材質	表面加工	成形加工	溶接	備考
テーブルトップ	SUS-304 1.5mmt	#4仕上げ ヘアライン	指定-R	接続には アルゴン	
バックガード	SUS-304 1.5mmt	#4仕上げ ヘアライン	立上がり 1.0mmR		幅60mm 高さ250mm
中棚	SUS-304 1.0mmt	#4仕上げ ヘアライン		スポット	取り外し式 補強
底部	SUS-304 1.0mmt	#4仕上げ ヘアライン	底立上がり 1.0mmR		底部のごみ溜りを改善する
アジャスター	SUS-304 1.0mmt	#4仕上げ ヘアライン	SUS-304 φ38mmt	スポット	

表4-47　シンク、クリーンテーブル

特記仕様書					
部位	材質	表面加工	成形加工	溶接	備考
水槽コーナー コーナートップ	SUS-304 1.5mmt	#4仕上げ ヘアライン	指定-R	接続には アルゴン	コーナーは、凸凹の仕上げをしない
バックガード	SUS-304 1.5mmt	#4仕上げ ヘアライン	立上がり 1.0mmR		幅60mm 高さ250mm
スノコ	SUS-304 1.0mmt	#4仕上げ ヘアライン			取り外し式
脚	SUS-304 1.0mmt	#4仕上げ ヘアライン		スポット	
アジャスター	SUS-304 1.0mmt	#4仕上げ ヘアライン	SUS-304 φ38mmt		

g．据付け関係

表4-48　据付け関連

厨房機器全般	厨房機器のレベルを図り、均一なレベル出しをすること。所定の位置に厨房機器を据え付けた後、必要により溶接をする際は、運営後のメンテナンスに支障を起こさない限りは、アルゴン溶接で行い、衛生化を図り隙間をなくすこと ウオールマウント形式（壁取付け）機器の場合は、壁内に補強などを事前に取り付けておくこと 重量物、ガス機器等は耐震防止の固定をすること

（4）施工工事区分について

建築および建築設備工事と厨房設備工事との間の工事区分については、あらかじめ責任範囲を明確にする必要がある。この工事区分のポイントを以下にまとめた。

表4-49　工事区分のポイント

建築工事	衛生工事	空調工事	電気工事	厨房工事
床・間仕切り	グリストラップ			
壁・天井（厨房機器との見切り）		ダクト 厨房室内一空調	分電盤 動力盤	厨房機器一壁床・天井に付属する工事
防水				
側溝・排水桝 グレーチング	厨房機器一給水 排水等の配管			
プレハブ冷凍冷蔵庫一床	排水配管	蒸気配管 冷却水一配管	プレハブ冷凍冷蔵庫一配線	プレハブ冷凍冷蔵庫一組立
コンクリートベース	給水・排水一配管 配管一保温		厨房機器との配線接続	厨房機器設置
仕上げ	ガス遮断弁 ガスメーター	フード ベンチレーター	ガス漏れ警報・火災報知器	
	厨房機器一配管接続 浄水器・洗浄機配管接続	ダクト内自動消火装置 フード内照明	監視配線 厨房内照明 電話配線	厨房機器に接続配管のための穴開け
	量水器 手洗器・水栓		コンセント	据付け 振動防止
	配管塗装			試運転・調整

11 コストコントロール

　厨房設備機器導入に際し、誰でもが安価になればと思い、仕様やコストの調整を行う。価格については設備規模により、相違が生じるので以下のような比率で表す（**図4-36**）。この図の見方として運営者（調理師、スチュワード、サービス関係者）の要望により厨房設備機器を導入し、予算が不足する場合に、比率を計算することで機器の適正さをチェックすることができる。

　スペックオーバーしやすい設備機器としては以下があげられる。

- ●スチームコンベクション・オーブン
- ●ガスコンロの火口
- ●コールドテーブル
- ●冷蔵庫・冷凍庫
- ●調理台
- ●調理備品

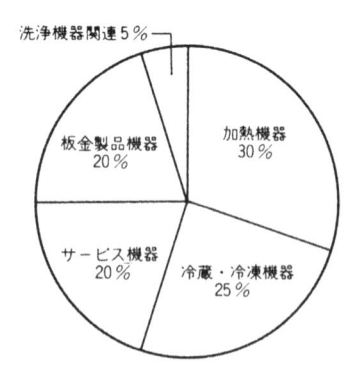

図4-36　厨房設備のコスト比率事例

12 運用フォローとメンテナンス

（1）施工段階での運用確認

前述のように図面と特記仕様書により、施工が行われるが、実際の施工段階でも下記のような設計者によるフォローが必要となる。

① 運営者（料理長、サービス責任者）と運営方法やメニューの確認を行う

② 必要に応じ、予算管理を行いつつ設計変更する。設計変更をする場合、設計変更連絡書を発注者の承認のもと発行する

③ 厨房器具の単品図により、詳細部分や施工・据付け方法の確認を行う

④ 板金工場での中間検査をする。冷蔵庫や熱機器は、専門の工場で一定の品質管理のもと製作されるが、シンクやテーブルといった板金物は、板金工場で単品生産される。そのため

写真4-5 ガイダンス

職人の技量に依存する部分が多く、設計者の意図どおりに製作されないことが多い。そのため、溶接や磨きの方法について中間検査等を通じ直接板金工場で打ち合わせることが望ましい。また、中間検査においては見えない補強材等の部分についても確認することが必要である
⑤ 現場へ納入する前に、厨房メーカーの工場において板金類や冷蔵庫等の主要な機器を並べて、総合的に確認することが望ましい
⑥ 現場において竣工検査を行う。不具合事項のリストアップとその指摘項目の改善を指示する
⑦ 引渡し前に、取扱い説明会を行う。調理者、運営者に対して厨房のコンセプト（衛生化・合理化を考慮した動線や調理手法）を再度確認する。また、各厨房器具の使用方法についても説明する
⑧ 運用後、オペレーションが落ち着いた段階で、衛生管理や省力化といった合理化のチェックや、各厨房器具が十分に使われているか等について検証をし、フィードバックする

(2) メンテナンス

運用が開始された厨房では、衛生面や安全面から、日常的なメンテナンスが重要である。メンテナンスの内容としては、調理器具や床面、壁面等の点検、清掃だけではなく、排気フードやグリスフィルター、ダクト、排気ファン、火炎伝送防止装置、排水配管、グリストラップ等の清掃も必要である。

ダクト清掃は、適正な換気風量確保による一酸化炭素中毒の防止や、火災延焼防止として重要である。ダクト内部の清掃はスクレー

パー等を用いて内部に堆積した油脂分の除去を行う作業が必要であり、適正な位置に適正な間隔で点検口を設けることが必要である。点検口設置に際しては、気密性の確保や、天井内他設備とのとりあい等への配慮が必要である。また、日常的な清掃作業ではダクト内の清掃が難しい場合には、専門業者による点検、清掃を定期的に行うことが望ましい。

火災伝送防止装置については、自動消火設備の火災検知部や、防火ダンパの温度センサー（ヒューズ）の点検を行い、作動可能な状態であることを確認する。

排水配管については、排気ダクトと同様、排水に含まれる油脂分の堆積によって、配管のつまりが懸念される。配管内の洗浄方法としては、高圧水により配管内を洗浄する高圧洗浄方式やスネークワイヤーを配管内に挿入して表面に付着した汚れを除去するワイヤー洗浄方式等が一般的である。

5．厨房設計の事例

1 社員食堂の設計事例

社員食堂の事例として、鹿島赤坂別館（東京都港区、2007年8月竣工）の全電化厨房を紹介する。

（1）鹿島赤坂別館の概要

鹿島赤坂別館は鹿島本社の技術部門が入居する建物である（**写真5-1**）。設計のコンセプトには「フレキシビリティ（柔軟性）」、省エネなど環境配慮を徹底する「サステナビリティ（持続可能性）」、自然災害などに対する「セキュリティ（安全）」の3点をあげ、そしてこれらを高いレベルで実現すべく同社の最新環境設備技術の採用を積極的に図っている。鹿島赤坂別館ではこのコンセプトに沿って汎用的な全電化厨房を採用した。

表5-1 鹿島赤坂別館の建物概要

所在地	東京都港区赤坂6丁目5-11
敷地面積	14,587.32m^2
規　模	地上15階、地下2階
用　途	事務所（1～9階）、住宅（10～15階）
建築面積	2,722m^2（新築部）
容積対象面積	27,042.74m^2（8,180坪）
法定延床面積	33,517.21m^2（10,139坪）

写真5-1　鹿島赤坂別館

（2）厨房設計のコンセプト——全電化の社員食堂

　鹿島赤坂別館の厨房のコンセプトは以下の4点を中心とし、汎用性を追求した全電化社員食堂厨房を構築した。
① 快適厨房・高い生産性・空間効率
　・全電化厨房による厨房室温・輻射環境の改善
　・置換空調・換気によるドラフトの改善
　・作業動線の明確化、厨房器具の安全性確保による火傷の回避
② 安全・衛生厨房の実現
　・電化厨房によるオールフレッシュ空調機採用、換気量の抑制によるTT管理のし易さ
　・ベースもキッチン等による床のキープドライ
　・厨房器具ディテールにわたる全面的な衛生への配慮
③ 省エネルギー地球環境への配慮
　・高効率の厨房基部の採用、およびコンパクト性の追求
　・高効率な空調換気方式による省エネルギー
　・BEMSによるエネルギー管理

図5-1　4つのコンセプト

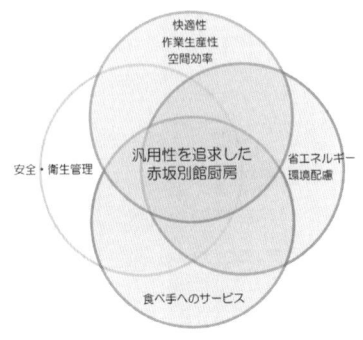

写真5-2　厨房

④　食べ手へのサービス
　・高い天井高さ、三方向窓で開かれた解放感あふれる食堂
　・クオリティー、健康面に配慮したメニュー
　・高性能厨房、作業動線の合理化によるサービス向上

「省エネルギーと快適厨房の両立」、および「安全・衛生に配慮した厨房」については、（4）で詳しく説明する。

（3）厨房設計概要

厨房設計の概要を以下に示す。表5-1に諸元を示す。

厨房面積は、食堂の面積の13.2%となっており、コンパクトで機能的な厨房となっている。厨房平面図を図5-2に、主要な電化厨房器具を表5-2に示す。また厨房関連システムを表5-3に示す。

表5-2　厨房設計の諸元

厨房面積	47.2m^2（食堂面積の13.2%）
サービススペース	30.4m^2
洗浄スペース	27.3m^2
食堂面積	356.4m^2

5. 厨房設計の事例　187

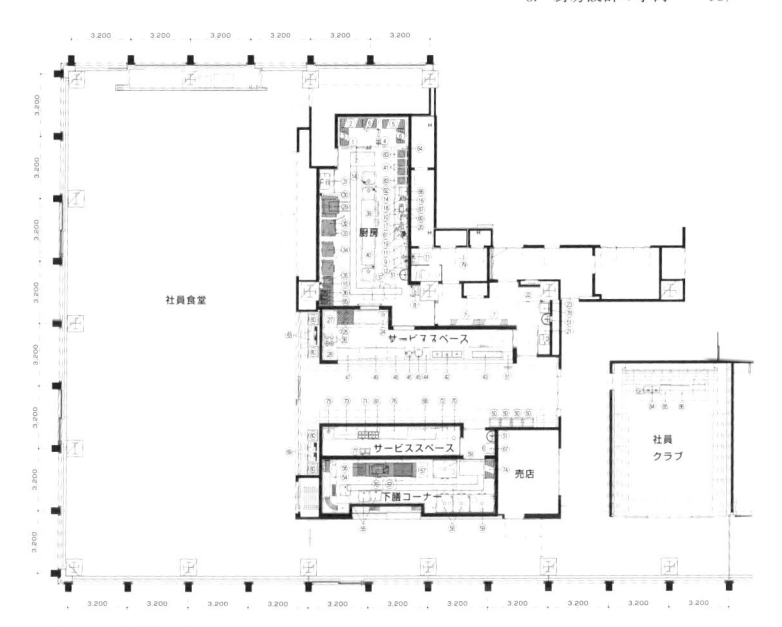

図5-2　厨房平面図

表5-3　主要な電化厨房器具

全電化厨房	電気容量：単相100V　20.55kW、単相200V　2.81kW、三相200V　206.52kW		
主厨房器具	① スチームコンベクション・オーブン	1台	17.5 kW
	② 磁立体炊飯器	2台	16.8 kW
	③ 電磁調理器	4台	5.0 kW
	④ 電磁調理器	2台	5.1 kW
	⑤ 電気ゆで麺器	2台	8.0 kW
	⑥ 食器洗浄器ブースター	1台	40 kW
	⑦ コンベアタイプ洗浄器	1台	8.85 kW
	⑧ 電気消毒保管庫	2台	7.3 kW
	⑨ 電気消毒保管庫	2台	8.4 kW
	⑩ 電気フィルテイングパン	1台	9.0 kW

表5-4 厨房設備関連システム

名称	仕様
オールフレッシュ空調ヒートポンプパッケージ	冷房能力 25.0kW・暖房能力 28kW・消費電力 8.35kW × 2台
主排気ファン(セラミック脱臭付き)	10,300m³/h × 1台(夜間換気用 1,800m³/h × 1台)
給湯方式:事業用エコキュート	加熱容量 24.7kW・消費電力 8.4kW × 2台(貯湯槽 3m³/h × 2台)
オゾン殺菌システム	―

(4) 省エネルギーと快適厨房の両立

この厨房では快適性と省エネルギーをコンセプトに揚げ、作業動線を集約して厨房空間をコンパクトに計画し、高効率型換気方式を採用している。具体的には、空調空気を天井から低風速(0.2m/s)で吹出し、置換換気と同様な換気効果を目指した。また、IHヒーターに対しては局所排気を、フライヤーには循環換気方式を採用した。空調は全外気型ヒートポンプパッケージ給湯機を採用し、省エネルギー化を図っている。計画した省エネルギー型置換方式のシステム概念図および吹出口と排気フードの写真を図5-3および図5-4、写真5-3に示す。

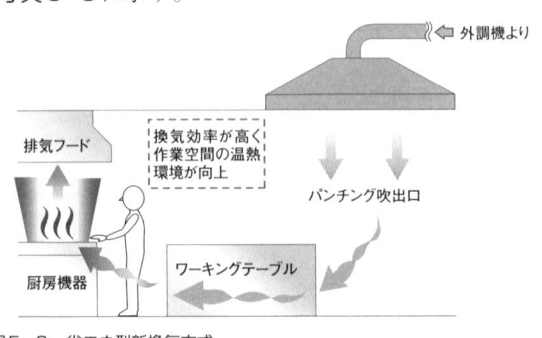

図5-3 省エネ型新換気方式

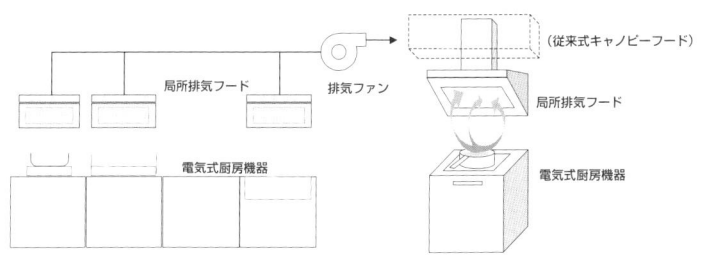

図5-4　局所排気フードによる換気方式

写真5-3　厨房換気システム

（5）安全・衛生に配慮した厨房計画

厨房運営についてはHACCPを導入し、加熱加工、冷却加工の記録を行っている。ワンウェイによる動線・空間の効率化をするとともに、超コンパクトによる省人化（調理者2人＋最大サポート2名）をはかるため動線のミニマム化も実施している。

また床のキープドライのためコールドセクションを中心にコンクリート基礎によるベース化をはかった（**写真5-4**）。

また、厨房の各エリアの天板はゴミ滑りとならないよう、シールによる接合は行わず、溶接による一体化をはかった（**図5-7、写真5-5**）。

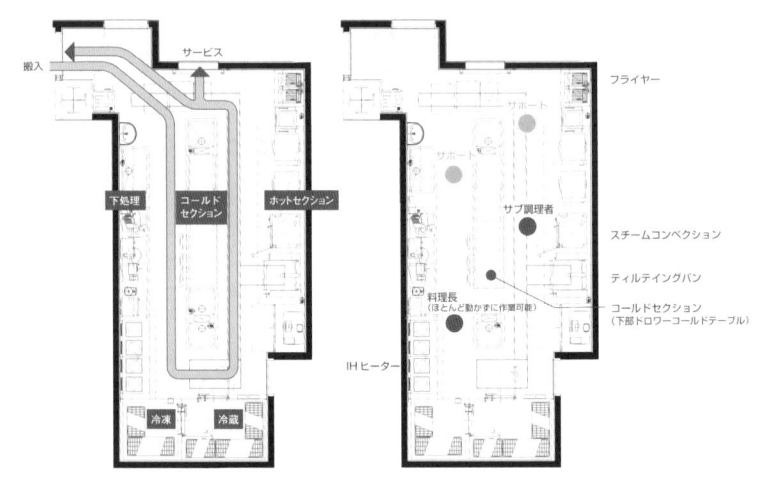

図5-5　超コンパクト厨房の概念図

写真5-4　コールドセクション床ベース化

5. 厨房設計の事例　191

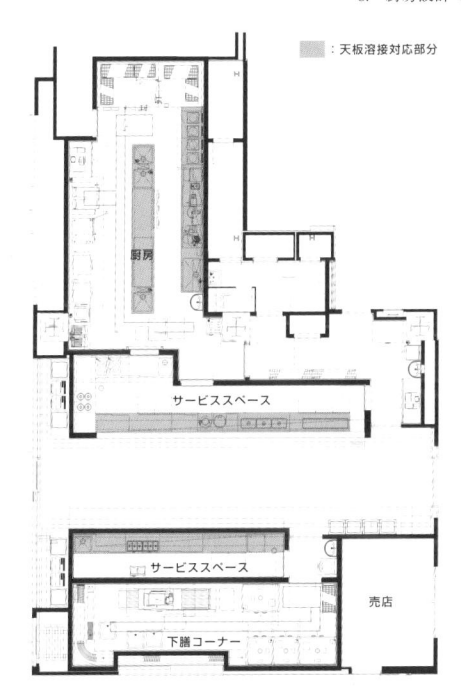

▨ ：天板溶接対応部分

図5-6　天板溶接による衛生配慮

写真5-5　天板溶接部分

（6） 運用段階の性能評価

BEMSでデータを測定し、厨房器具類の電力消費量の実態を評価した。図5-7に年間エネルギー消費量を示す。厨房機器の割合は50％であり、空調・換気・給湯等の厨房の基本機能を保持するためのエネルギーは30％消費されていることがわかる。また、これらの消費動向は、空調以外にほぼ通年同じ傾向であることもわかる。

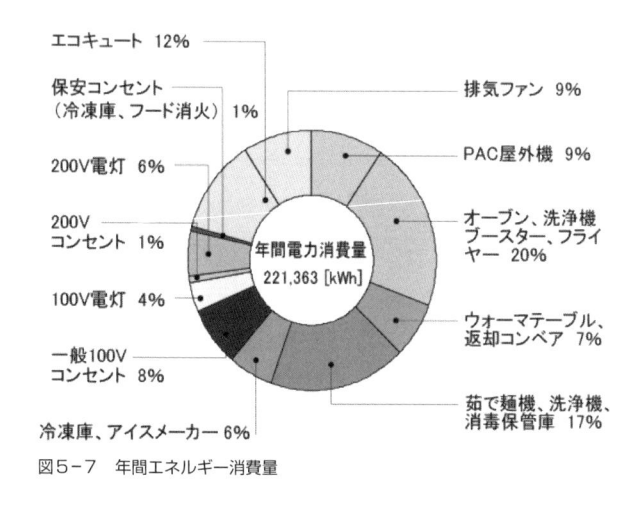

年間電力消費量 221,363 [kWh]

- エコキュート 12%
- 保安コンセント（冷凍庫、フード消火）1%
- 200V電灯 6%
- 200Vコンセント 1%
- 100V電灯 4%
- 一般100Vコンセント 8%
- 冷凍庫、アイスメーカー 6%
- 茹で麺機、洗浄機、消毒保管庫 17%
- ウォーマテーブル、返却コンベア 7%
- オーブン、洗浄機、ブースター、フライヤー 20%
- PAC屋外機 9%
- 排気ファン 9%

図5-7　年間エネルギー消費量

2 病院厨房の設計事例

病院の事例として、がん研究会有明病院（東京都江東区、2005年3月開設）のガス中心の厨房を紹介する。

（1） がん研究会有明病院の概要

がん研究会有明病院は1936（昭和9）年、日本で唯一はじめてのがん専門病院として設立された。2005年には、豊島区大塚から臨海副都心・有明の丘地区に全面移転、先進的な治療技術を誇る病院となった。それを機に厨房も一新し、入院患者に1日2,100食を提供する設備を揃えている。医療サービスに加え、栄養管理部では患者を食の面からサポートし、食のクオリティオブライフ（QOL）の実現や、病態の改善に貢献している。

表5-5 がん研究会有明病院の建物および厨房概要

所在地	東京都江東区有明3-8-31
規 模	ベッド数（700床）、外来数（約1,600名/日…2013年3月現在）
厨房面積	約550m²（スタッフゾーン除く）
1日の食数	2,100食（1日3食×700食）
主なメニュー	4日単位で献立表を配布し食べたいものを自由選択できるフルセレクトメニュー（常食）

写真5-6 がん研究会有明病院

（2） 厨房設計コンセプト──ガス中心の厨房機器

がん研究会有明病院も、以下の4点を厨房コンセプトとして構築された。

① 環境性

　最新の涼しいガス厨房機器と天井換気システムにより、人にも環境にも優しい厨房環境を実現

② 経済性

　初期投資、ランニングコストおよび清掃コストに配慮した経済性の優れた厨房計画

③ 調理性

　高火力による調理スピードを確保し、ガス厨房によるおいしさと利便性を提供

④ 衛生性

　HACCP導入など衛生管理を追求し、清掃のしやすさを考慮した厨房つくりの工夫、さらに清掃しやすい厨房器具の選定

写真5-7 厨房内写真

（3） 厨房設計概要

厨房設備の概要を以下に示す。図5-8に厨房平面図、表5-5に主要な厨房器具を示す。

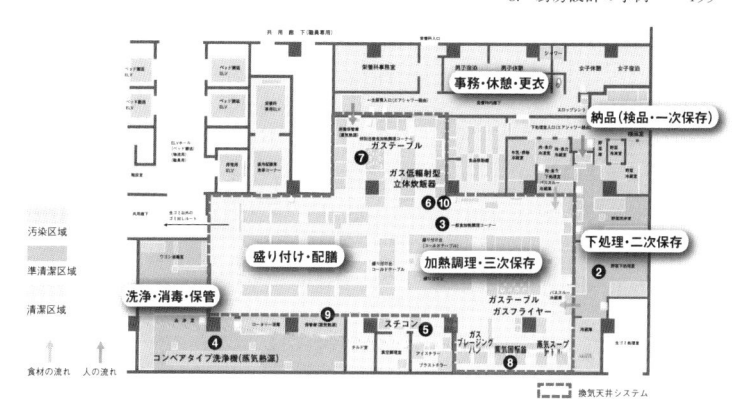

図5-8　厨房平面図

表5-6　主要な厨房器具

器具	ガス消費量 (kW)	蒸気消費量 (kg/h)	消費電力 (kW)	台数	備考
ガススチームコンベクション・オーブン（涼厨）	48.8 (42,000kcal/h)	—	0.95	1	ホテルパン収納力 1/1サイズ×20枚
ガススチームコンベクション・オーブン（涼厨）	48.0 (41,300kcal/h)	—	0.70	1	ホテルパン収納力 1/1サイズ×20枚
ガススチームコンベクション・オーブン（涼厨）	24.0 (20,600kcal/h)	—	0.39	1	ホテルパン収納力 1/1サイズ×10枚
ガス立体炊飯器（涼厨）	31.4 (27,000kcal/h)	—	0.50	3	コンクリートベース工法 3段式
蒸気スープケトル（涼厨）	—	66.0	—	2	ウオールマウント工法 125ℓ
ガステーブル	48.0 (41,300kcal/h)	—	—	1	ブリッジ工法　両面式
ガスフライヤー	126.0 (108,300kcal/h)	—	0.10	2	23ℓ
ガスブレージングパン	12.8 (11,000kcal/h)	—	0.20	1	ウオールマウント工法 100ℓ
蒸気回転釜	24.0 (20,000kcal/h)	71.0	—	2	ウオールマウント工法 190ℓ

(4) HACCPの概念を取り入れたゾーニングと動線計画

　厨房の衛生性を高めるために、HACCPに準じたゾーニングと動線計画を実現している。具体的には、汚染区域（搬入・従業員通路等）、準清潔区域（保存・下処理・洗浄等）、清潔区域（調理・盛付け・配膳・保管等）を壁で分断している。これにより、煩雑になりがちな厨房内の動線が整理され、人や食材の交差から起こる食品汚染を防止している。また、冷温蔵配膳車は各病棟1台とし、搬送はエレベーターの出口までとした。病棟看護師との接触を避け、外部からの雑菌を厨房内に持ち込まないオペレーションも徹底させている。

　HACCP概念に基づいた病院給食の衛生管理を徹底させるため、各セクションを壁等で仕切り、明確に分離させている。

(5) 清掃しやすいドライ厨房

　厨房の衛生性を高めるもう一つの工夫は、機器や設備の面からも清掃のしやすい厨房にすることである。調理機器の選定や施工方法においてもその点を考慮し、ドライ厨房にすることで雑菌の繁殖を抑えている。こうした工夫を取り入れ、がん研究会有明病院では、昼食の調理後にスタッフ13名全員の手により、約30分というスピーディさで厨房全体を掃除することができている。

　コンクリートベース工法でコンクリートの台に調理機器をのせる設置方法で、下部をふさぐことでゴミや水分が入り込むのを防ぐことができる。機器下スペースを十分にとることで掃除しやすくしている。

写真5-8　コンクリートベース工法

写真5-9　ブリッジ工法　　　　写真5-10　ウオールマウント工法

（6）涼厨システムの導入と天井換気システム

　厨房内の環境を快適にするためには適切な温度と湿度の管理が不可欠である。がん研究会有明病院では換気天井システムと涼しい厨房機器（輻射熱を抑えたガス厨房機器）を導入することで、地下1階にありながら、厨房内を常時、温度25℃以下・湿度80％以下に抑えている。そのため快適な厨房環境で調理作業ができるだけでなく、衛生性の向上にも繋がっている。

　また、天井換気方式を採用しており、燃焼排気のドラフト効果により、天井全体で調理排気を効率的に捕集。従来のフードに比べ視界が広く、排気ファンの音も静かである。

　図5-9のサーモグラフィでもわかるように、従来の機器では100℃以上あった機体の表面温度が60℃以下に低減されている。

写真5-11　天井換気

従来　　　　　　　　　　　　ガス立体炊飯器

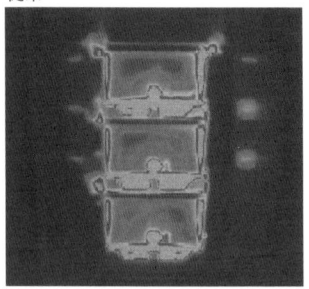

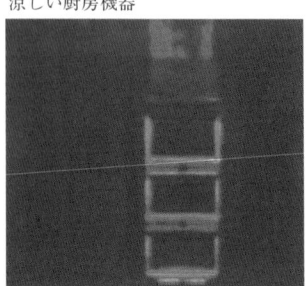

涼しい厨房機器　　　　　　　蒸気スープケトル

図5-9　輻射熱を抑えたガス立体炊飯器と蒸気スープケトルおよび、ガス立体炊飯器の熱画像

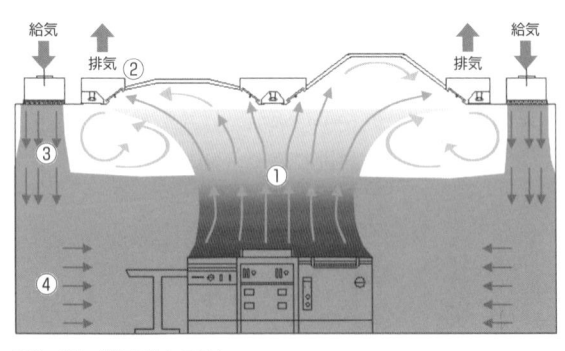

図5-10　換気天井システム

本節資料提供：東京ガス(株)

用語解説

【ア行】

アイスクリームフリーザー　　アイスクリーム製造機器

インフラレッドウオーマー　　遠赤外線保温装置

ウオークイン冷蔵庫・冷凍庫　　大型設備の冷蔵庫。最近はプレハブ式の設備が多い（カートインと間違えやすいので注意）

ウオールマウント形式　　主に加熱機器を壁掛けにして清掃性を向上させたもの

【カ行】

攪拌付きガス回転釜　　釜の中をへらで攪拌させながら加熱調理ができ、食材を移す際はハンドルで回転させながら容易に作業ができるもの

ガテマンジェ　　＝ガルドマンジェ。冷製料理の作業を行う部門

カートイン冷蔵庫・冷凍庫　　カートごと保冷できる冷蔵庫・冷凍庫

カミサリー型キッチン　　もともとは物資供給所・販売店の意味。セントラルキッチンからの供給を受け、簡略作業で料理の提供を行うキッチン形態

ガルドマンジェ　　食料貯蔵所

急速冷凍庫　　急速に冷却できる能力を保持している冷凍機器

グリドル　　主にソテー等を行う調理機器

グリラー　　焼き物器

検品室　　食材の調達に際して検品を行う場所

恒湿冷蔵庫　　恒湿な状態で冷蔵保存ができる冷蔵庫。食品の保存状態が良好となる

コールドショーケース　　ガラスドアの冷蔵庫

コールドセクション　　冷製料理の作業を行う部門

コールドテーブル　　作業台兼用冷蔵庫・冷凍庫

コンベアー・オーブン　　コンベアーで移動する食材を加熱調理する機器

コンベクション・オーブン　　熱風加熱調理器

【サ行】

サテライトキッチン　　　衛星基地的なニュアンスの軽装備な厨房
サラマンドル　　　加熱調理の際に食材との距離を調節しながら、こげ目をつける機器
スチームケトル（蒸気釜）　　　釜が二重となっており、熱源が蒸気であるもの
スチームコンベクション・オーブン　　　蒸気、熱風等を織り交ぜて加熱調理を行う万能調理機器
スープケトル　　　＝スチームケトル。スープ等の加熱調理を行うための専用機器
セントラルキッチン　　　調理作業を集中的に行う厨房

【タ行】

中華レンジ（ガス・電気）　　　中華専用の強火のレンジ
ディッシュアップ　　　盛付け
ティルティングパン　　　煮炊き釜
ディッシュウオーマー　　　皿等を保温する機器
電磁調理器　　　誘導加熱調理器。IHヒーターとも呼ぶ
ドロワーテーブル（**冷蔵庫・冷蔵庫**）　　　引き出し型（冷蔵庫・冷凍庫）

【ナ行】

煮方　　　和食の調理職種で煮物を専門に担当するもの

【ハ行】

パスタマシン　　　パスタ製造機
パステライザー　　　アイスクリーム殺菌装置
パティシエ　　　もとの意味はパン菓子職人。パン菓子の製造部門
バンケットキッチン　　　宴会部門厨房
ビルトイン形式　　　厨房機器をはめ込みにする形式
ファクトリー**型**キッチン　　　食品工場型厨房
ブースター　　　洗浄機等に付属する湯沸かし器
ブッチャー　　　もとの意味は鮮肉係。主に肉類の下処理や加工作業を行う部門
フードスライサー　　　食材をスライスする機器

フードプロセッサー　　多様なカットをする機器
フライヤー　　揚げ物専用機器
ブラストチラー（クーラー）　　強制急速冷凍装置
プレパレーションセクション　　調理の下準備を行う部門
ブレンダー　　混ぜ合わせる機器
ブロイラー　　両面焼き物機器
ベーカー　　パン製造部門
ホイロ　　パン種発酵器
保温ワゴン　　保温機能付き移動ワゴン
ホットセクション　　加熱調理作業を行う部門
ポワソニエ・フィッシャー　　もとの意味は魚屋。主に魚介類の下処理、加工を行う部門

【マ行】

ミートチョッパー　　肉等をみじん切りにする機器
向板（脇板）　　和食の調理職種で刺身等を担当するもの
メインキッチン　　施設の中心的な厨房

【ラ行】

リバースシート　　パイ生地をのばし整形する機器
リーチイン（冷蔵庫・冷凍庫）　　ドアタイプのもの（冷蔵庫　冷凍庫）
冷水チラー　　水を循環させ冷却させる装置
冷製ワゴン　　冷水装置を装備して移動できる機器
レンジ（ガス・電気）　　加熱調理器
ローレンジ（ガス・電気）　　大鍋を加熱する際に容易に作業できるように高さを抑えたレンジ

著者紹介

平岡雅哉（ひらおか　まさや）
1983年、鹿島建設株式会社入社
以降、ホテル、オフィスビル等の設備設計に従事。
現在、同社建築設計本部本部次長、技術士（衛生工学部門）、一級建築士、建築設備士、二級厨房設備士、日本厨房工業会「厨房研究会」委員。

堀田正治（ほった　まさはる）
東急ホテルチェーンにてフランス料理の修行後渡米。ニューヨークにて研修、フランス料理「レトック」のシェフ、フランス料理「越前倶楽部」のオーナーシェフを務める。
1993年、株式会社紀ノ正を設立。
現在、ホテル、病院、社員食堂等の厨房設計コンサルタントと業務用厨房機器の開発を行っている。

神谷麻理子（かみや　まりこ）
鹿島建設株式会社にて、集合住宅、オフィスビル、研究所等の設備設計に従事。
現在、同社建築設計本部設備設計統括グループチーフエンジニア、一級建築士、設備設計一級建築士、他。

[新版] これだけは知っておきたい　厨房設計の知識

2013年　6月15日　第1刷発行
2019年　4月15日　第3刷発行

共著者　平岡雅哉、堀田正治、神谷麻理子
発行者　坪内文生

発行所　鹿島出版会
　　　　〒104-0028　東京都中央区八重洲2-5-14
　　　　電話 03-6202-5200　振替 00160-2-180883

印刷製本　三美印刷
装　　丁　石田秀樹
Ｄ Ｔ Ｐ　ホリエテクニカルサービス

Cover Jacket Photo: gettyimages
© Masaya HIRAOKA, Masaharu HOTTA, Mariko KAMIYA 2013, Printed in Japan
ISBN 978-4-306-03371-9 C3052

落丁・乱丁本はお取り替えいたします。
本書の無断複製（コピー）は著作権法上での例外を除き禁じられています。
また、代行業者等に依頼してスキャンやデジタル化することは、たとえ個人や家庭内の利用を目的とする場合でも著作権法違反です。

本書の内容に関するご意見・ご感想は下記までお寄せ下さい。
URL: http://www.kajima-publishing.co.jp/
e-mail: info@kajima-publishing.co.jp